Ingrid Kleindienst-John

Zauber des Duftes

Parfum selber machen

ISBN 978-3-99025-475-2

Layout und Grafik: freya_art
Lektorat: Dorothea Forster
Fotos: Ingrid Kleindienst-John & Kurt John, Daniela Waser, Christina Diwold
Adobe Stock ©, Cover: southjourney / Shutterstock ©: Laurin Rinder, Petrenko Andriy, Everett Collection, Andrey tiyk, HTeam,
annalisa e marina durante, Bashutskyy, biggunsband, Subbotina Anna, geraria,
Anna Tyukhmeneva, fotohunter, janonkas, Everett - Art

printed by GPS-Group

Es soll darauf hingewiesen werden, dass neben der im Buch verwendeten Schreibweise **Parfum** auch die Variante ***Parfüm*** möglich ist.

Hinweis in eigener Sache:
Es kann durch manche ätherischen Öle eventuell zu allergischen Reaktionen kommen. Beachten Sie daher bitte die entsprechenden Hinweise der Vertriebsfirmen der ätherischen Öle, ebenso zur Entsorgung von Resten. Herausgeber, Verfasserin und Verlag übernehmen dafür keine Verantwortung.

Ingrid Kleindienst-John

Zauber des Duftes

PARFUM SELBER MACHEN

freya

INHALT

Die Zauberwelt des Parfums 9

Unsere Nase – ein wahres Wunderwerk! 12

Schulen Sie Ihre Nase 17
Meine Empfehlungen dazu 17
Das Duft-Notizheft 18

Ein klein wenig Geschichtliches rund um den Duft 22

Was ist der Unterschied zwischen Parfum, Eau de Parfum und Eau de Toilette? 31

Eau de Cologne 31
Eau de Toilette 31
Eau de Parfum, Parfum de Toilette, Esprit de Parfum 32
Parfum 32
Creme de Parfum 32
Ölparfum 32
Aftershave 32

Inhaltsstoffe 34

Welche Materialien und Gegenstände benötigen wir? 35
Qualitätskriterien ätherischer Öle 36

Basis, Herz & Kopf 41

Wie viele ätherische Öle braucht man für ein Parfum? 41
Fixateure und warum wir „Stinker" für ein Parfum benötigen 42
Die Bedeutung der „Herznoten" für unser Parfum 47
Die „Schnellen" – das sind die Kopfnoten 53
Die „Zwitter": Kopf-Herz-Noten 57
Die Herz-Basis-Noten 60
Andere Ordnungsmöglichkeiten 63

Wie beginnen wir nun? 65

Grundrezepturen 70

Grundrezeptur Ölparfum 71
Herstellung alkoholischer Parfums 72
Grundmischung Parfum 73
Grundmischung Eau de Parfum 73
Grundmischung für Eau de Toilette bzw. für ein starkes Aftershave 74
Grundmischung für ein Eau de Cologne und für ein leichtes Aftershave 74
Grundmischung für ein Creme-Parfum 75

ANLEITUNG: Creme-Parfum 77

Aller Anfang... 81

Bevor wir starten 81
Zwei Startvarianten 82

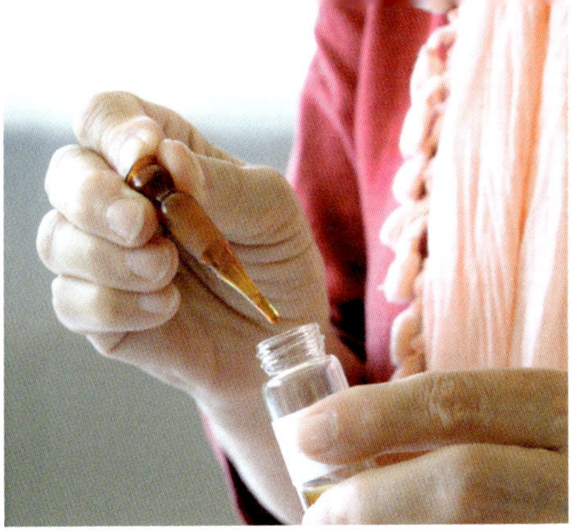

Schritt für Schritt zum perfekten Duft 84

ANLEITUNG: Düfte mischen 86

Wenn Sie nun üben wollen 90

Das Parfum muss ruhen 91

ANLEITUNG: Düfte weiterverarbeiten 92

Weiterverarbeitung 96

Düfte des Frühlings 101

- Frühlingsnächte (Rezept für ein Ölparfum) 102
- „Frühlingsmorgen" 103
- „Sizilianischer Frühling" 104
- „Blütenrausch" 105

Düfte des Sommers 107

- „Freyas Garten" 108
- „Sommerbrise" 110
- „Sommernacht" 111
- „Sunset" 112
- „Im Zitrusgarten" 113

Herbstdüfte 115

- „Bei Nacht und Nebel" 116
- „Herbst im Gebirge" 118
- „Herbstmorgen" 119

Duftmischungen des Winters 121

- „Abend am Kamin" 122
- „Wintersonne" 123
- „Ballnacht" 124

Herrenparfums 127

- Aftershave „No. 1" 128
- Aftershave „No. 2" 129
- Aftershave „No. 3" 130

Ein Parfum namens „Mozart" 132

Ein altes Rezept für Eau de Cologne 136

Kombinationsvorschläge für „Ihr" Parfum 138

Anhang 142

Ätherische Öle 142

Hydrolate und Wässer 149

Glossar 150

Berechnungshilfe 156

- Eau de Cologne 156
- Eau de Toilette 157
- Eau de Parfum 157
- Parfum 157

Danke 158

VOM ZAUBER DES DUFTES

*Der **Duft** der Dinge*
*ist die **Sehnsucht**,*
*die sie **in uns** nach sich*
erwecken.

Christian Morgenstern

Die Zauberwelt des Parfums

Welches kleine Mädchen spielt nicht gern Prinzessin und bestäubt sich dafür mit dem Duft von Mama, Oma oder Tante? Ich erinnere mich noch immer gerne an die Zauberwelt im Damenzimmer meiner Tante – ja, sie hatte noch so ein eigenes Ankleidezimmer –, in dessen Zentrum die Psyche stand, jenes Möbelstück, das früher bei keiner eleganten Frau fehlen durfte!

Und welch ein Vergnügen bereitete es meinen Schwestern und mir, wenn wir ihr dabei zusehen durften, wenn sich die Tante für einen Ball zurechtmachte, als Tüpfelchen auf dem i stand dann immer ihr Parfum auf dem Programm. Und wir kleinen Mädels bekamen einen Tupfer davon hinter die Ohren. Dann fühlten wir uns schrecklich erwachsen und damenhaft. War die Tante weg, schlüpften wir oft noch verbotenerweise in ihre Kleider und Pumps, bis uns unsere Oma dabei erwischte, sich insgeheim sicherlich darüber amüsierte, uns aber mit schrecklichen Strafen drohte. Die Kleider und Schuhe verschwanden wieder in den Schränken. Aber der Duft blieb!

Als Teenager bekam ich dann mein erstes Eau de Toilette von eben dieser Tante geschenkt. Alles – und ich meine wirklich a l l e s – wurde von mir damit beduftet. Was meinen Vater immer wieder zu entsprechenden Äußerungen animierte wie „Da stinkt es aber gewaltig!".

Es ist halt vor allem anfangs nicht einfach, die richtige, „erträgliche" Dosis eines Parfums zu finden ...

Einige Jahre später erstand ich meine Parfums dann selbst, begleitet von einem imaginierten Duft in der Nase, den ich in keiner Parfumerie finden konnte. Dieser Duft wurde zu einem sehnsüchtigen Begehren. Ich konnte aber nicht artikulieren, was das Besondere ausmachte. Leider habe ich ihn bis heute noch nicht entdeckt, aber ich suche weiter ...

Und als ich mich dann näher mit der Aromatologie – der Lehre der ätherischen Öle – zu beschäftigen begann, öffnete sich ein Tor zu einer neuen Welt für mich: Jetzt konnte ich selbst Düfte „erfinden" und meinem Tatendrang waren kaum noch Grenzen gesetzt (so dachte ich wohl).

Das Wort Parfum stammt übrigens vom Begriff „per fumum" – durch den Rauch. Und das stimmt auch heute noch im übertragenen Sinn: Einen Duft können wir nur dann wahrnehmen, wenn er mit der Luft aufsteigen kann und so in unsere Nase gelangt.

Düfte begleiten unser Leben – mit jedem unserer Atemzüge nehmen wir Gerüche wahr, ob bewusst oder unbewusst. Und alle diese Düfte (ob anziehend oder abstoßend) beeinflussen unser Leben, steuern unsere Gefühle, unser Kaufverhalten, erwecken Erinnerungen...

Das winzige Tröpfchen
eines Geruchs
trägt ein ganzes Universum
an Erinnerungen in sich!

Unsere Nase – ein wahres Wunderwerk!

Der erste Sinn, der sich bei den Lebewesen entwickelte, war der Geruchssinn. In den Zeiten des Urmeers benutzten die Tiere das sie umspülende Wasser, um Informationen in Form von abgegebenen chemischen Substanzen weiterzugeben. Diese chemischen Substanzen gaben den urzeitlichen Tieren die Chance, dass ein Tier der gleichen Art mit seinen Chemo-Sensoren die ausgesandte Botschaft wahrnehmen und auch verstehen konnte.

Genaugenommen kann man also sagen, dass die Lebewesen Geruchssignale aufzunehmen vermochten, lange bevor sie sehen und hören konnten.

Als dann die Evolution die Lebewesen aus dem Wasser an Land brachte, transportierte die Luft die Duftmoleküle weiter. So wurden die Organe dazu ausgebildet, diese Duftstoffe aufzufangen und wahrzunehmen: Die Nasen entstanden. Damals konnten Informationen durch Düfte noch kilometerweit empfangen werden. Dadurch entwickelte sich der Geruchssinn schnell bis hin zur höchsten Leistungsfähigkeit.

Durch die Einflüsse unserer Umwelt mussten die Lebewesen zunehmend mehr und mehr Düfte unterscheiden können, sich aber gleichzeitig auch vielen weiteren Aufgaben widmen: Sehen und Hören kamen nun dazu und erlangten eine große Bedeutung. Diese beiden Sinne mussten nun auch im Gehirn verarbeitet werden. Dadurch wurde das Riechpotenzial des Gehirns reduziert.

Der Geruchssinn greift auf vielen Ebenen in unser Leben ein. Meist ist uns das gar nicht bewusst. Düfte beeinflussen unsere Stimmungen, sowohl positiv als auch negativ, sie regen an und auf, ziehen an und stoßen ab. In unseren zwischenmenschlichen Beziehungen geht ohne Duft gar nichts. Es heißt ja schließlich nicht umsonst: „Ich kann dich nicht riechen." Und Erinnerungen sind zumeist ebenfalls mit Düften verbunden. Man entsinnt sich oft eines Geruchs, der mit einer bestimmten Person oder einer Situation einhergegangen ist. (Wie hat es in der Küche meiner Oma gerochen? Oder auch: Das war genau der Duft, damals, als ich meinen ersten Kuss bekommen habe …)

Nur am Rande: Die höheren Säugetiere wie Mäuse, Ratten, Katzen und Hunde haben ein weit besseres Riechsystem als wir Menschen. Mäuse und Ratten besitzen bis zu 1200 verschiedene Riechrezeptoren, Hunde und Katzen ca. 900. Beim Menschen sind gerade noch 350 in Verwendung – vergleichsweise also recht wenig.

Riechen und Schmecken hängen fest zusammen. Denn alle Duftmoleküle wandern durch die Nasenhöhlen in einen Kanal im Rachen und von dort in die Mundhöhle. Dadurch können die Duftmoleküle von Speisen und Getränken von „hintenherum" in die Nase gelangen.

Um Parfum herzustellen, müssen wir vor allem auch riechen können und dazu benötigen wir unsere Nase. In dieser befindet sich ganz oben, etwa auf der Höhe unserer Augen, ein knöchernes Plättchen, etwa so groß wie eine Euro-Münze, das mit einer Riechschleimhaut überzogen ist. Hier ist unser Zentralnervensystem nach außen offen.

Diese Riechschleimhaut – sie erneuert sich übrigens etwa alle 2–3 Monate – beherbergt etwa 30 Millionen Riechnervenzellen. Jede dieser Zellen besitzt 6–8 kleine tentakelartige Fortsätze, die Zilien, die in den Nasenraum hineinragen. An ihren Enden sitzen Rezeptoren. Und diese sind in der Lage, die unterschiedlichen Moleküle eines Dufts aufzunehmen und in Form eines chemisch-elektrischen Nervenreizes weiterzuleiten.

Die Nervenzellen geben den Reiz durch die Siebbeinplatte weiter (das ist ein kleiner, stark durchlöcherter Knochen am oberen Ende unserer Nase) und er gelangt direkt in den Riechkolben. Hier werden die Informationen gebündelt und an das Limbische System weitergeleitet.

Unser Limbisches System ist trotzdem in der Lage, auch wenn wir „nur" 350 verschiedene Riechrezeptoren haben, mehrere Tausend fremde Moleküle voneinander zu differenzieren. Die maximale Empfindlichkeit einer einzelnen Riechzelle ist in der Lage, nur einige wenige Duftstoffmoleküle zu erkennen. Daher haben sich in unserem Riechorgan unglaubliche 30 Millionen (!) davon entwickelt.

Die Wirkung der Düfte kann mit Hilfe des EEGs (Elektro-Enzephalogramms) aufgrund der Reaktionen des Gehirns dargestellt werden. Manche Düfte wirken entspannend und fördern die Alpha-Wellen des Gehirns, einige andere wirken anregend und fördern die Beta-Wellen.

Das Limbische System sitzt am oberen Ende des Rückenmarks und gehört zum ältesten Teil unseres Gehirns. Hier befindet sich übrigens die Steuerzentrale für unsere Emotionen, Empfindungen, aber auch unser sexuelles Verhalten (das erklärt, warum wir unsere Partner „riechen" oder „nicht mehr riechen" können!).

Je nach Intensität der jeweiligen Düfte werden Botenstoffe zur Bildung angeregt, die Wohlgefühle oder Abneigungen hervorrufen können, aber auch zum Wachsein oder zum Einschlafen anregen.

Einen großen Einfluss auf die Wahrnehmung der Düfte hat vor allem auch der Kalziumgehalt der Nasenschleimhaut. Ist die Kalziumkonzentration niedrig, werden die ätherischen Öle oder Duftstoffe intensiver gerochen, viel Kalzium blockiert den Riechkanal und die Gerüche werden kaum wahrgenommen.

Unser Gehirn wird beim Riechen aufgefordert, den Duft mit einem Erlebnis, einer Erinnerung, einem Gegenstand in Verbindung zu bringen. Wir lernen im Lauf der Zeit auch, wenn wir nur einen Teil eines Geruchs erschnuppern können, mit der Erinnerung den Rest des Geruchs zu ergänzen.

In unserem Leben haben wir demnach so manche Erinnerung, die ganz intensiv mit einem bestimmten Duft verbunden ist. Wir kennen den Geruch nach feuchter Erde, den Duft von frischem Brot, den Duft, der dem Kasten der Großmutter entströmte – und jeder dieser Gerüche macht, dass Gefühle in uns aufsteigen.

Wir reagieren nicht immer bewusst auf einen Geruch, oftmals ist es wie bei kleinen Kindern, die ihre Mütter am Duft erkennen, auch ohne sie zu sehen ...

„Es gibt eine
***Überzeugungskraft** des Duftes,*
die stärker ist als Worte, Augenschein, Gefühl und Wille …
*Sie erfüllt uns, füllt uns **vollkommen** aus,*
es gibt kein Mittel gegen sie.“

„Das Parfum“, Patrick Süskind

Schulen Sie Ihre Nase

Ein guter Parfumeur kann mehr als 4000 unterschiedliche Düfte auseinander-„riechen". Normalerweise erkennen wir als „Normalsterbliche" etwa 1500 bis 2000 Gerüche, wenn wir unsere Nase trainieren ... Ja, das kann man wirklich: die Nase trainieren, verschiedene Duftnuancen auseinanderzuhalten. Sie werden sehen, je länger und je öfter Sie sich mit ätherischen Ölen beschäftigen, umso leichter fällt es Ihnen!

Bevor Sie jetzt allerdings gleich darangehen, Ihre erste Mischung zusammenzustellen, möchte ich Sie noch kurz damit vertraut machen, wie man seinen Geruchssinn schult und lernt, Düfte einzuordnen. Das Geruchssystem ist sehr empfindlich! So wird es beispielsweise durch eine Erkältung, sprich Schnupfen, so stark beeinträchtigt, dass wir Gerüche oftmals gar nicht mehr wahrnehmen können. Aber auch durch Rauchen ist der Geruchssinn leider weitgehend gestört.

WIE KANN ICH MEINE NASE ALSO WIRKLICH GUT SCHULEN?

MEINE EMPFEHLUNGEN DAZU:

1. Bitte niemals direkt am Ätherisch-Öl-Fläschchen riechen!
Der darin eingefangene Duft ist so stark, dass er Ihre Riechschleimhaut empfindlich verstören könnte!

Richtig ist es, einen Tropfen des ätherischen Öls auf einen Riechstreifen zu geben. Sollten Sie keine Riechstreifen besitzen, nehmen Sie bitte ein Blatt starkes Papier und schneiden Sie es in schmale Streifen – und schon sind die Tester vorhanden!

2. Trinken Sie bitte zwischendurch – während des Schnuppervorgangs – immer wieder klares Wasser ohne Kohlensäure.
Das hilft Ihrer Nase und schenkt ihr ein wenig Erholung. (Manche Parfumeure schwören auch auf einen Schluck schwarzen Espresso ohne Zucker.)

3. Riechen Sie konzentriert anfangs nie mehr als fünf verschiedene ätherische Öle an einem Tag, überhaupt dann, wenn Sie noch nicht an die Intensität der Düfte gewöhnt sind. Sie können die feinen Nuancen sonst meist nicht mehr unterscheiden.

4. Und notieren Sie Ihre Gefühle, Ihre Gedanken, die während des Riechvorgangs auf Sie einströmen.
Das hilft später, eine ausgewogene Mischung herzustellen. Ich habe mir dazu ein Heft angelegt, in dem ich diese Grundinformationen über jedes ätherische Öl gesammelt habe.

DAS DUFT-NOTIZHEFT

Ach ja, dieses Heft: Es hilft Ihnen nicht nur, die ätherischen Öle und ihre Düfte nachzuvollziehen, schreiben Sie auch Ihre Mischungsversuche genau auf – manches wird später als gern angenommene Dufterinnerung hilfreich sein können!

Ich weiß, man könnte die Notizen auch am Laptop machen. Aber es ist irgendwie einfacher und vermutlich auch vernünftiger, dafür ein Heft zu verwenden, denn so macht es nichts aus, wenn einmal ein Tropfen aus Versehen aufs Papier fällt (auf der Computer-Tastatur macht sich das sicherlich nicht sehr gut). Und nebenbei einmal mit einem Stift ein Strichlein für einen Tropfen mehr auf Papier zu machen ist ebenfalls einfacher, als in die Tastatur zu klopfen.

GE-SCHICHT-LICHES

Ein klein wenig Geschichtliches rund um den Duft

Immer schon war die Menschheit versucht, die Gerüche der Natur zu konservieren. Meistens ist es misslungen … Die Alchemisten waren lange Zeit nicht nur damit beschäftigt, aus allerlei Materialien edle Metalle herstellen zu wollen, sie waren anfangs auch diejenigen, die bei ihren Versuchen zusätzlich Pflanzendüfte erzeugen konnten.

Das geschah erst einmal durch Einlegen der Pflanzen in Schweinefett oder Rindertalg, aber auch durch Auskochen: Man suchte nach der „Quinta Essentia", der Seele der Pflanzen. Man darf dabei nicht außer Acht lassen, dass in der damaligen Zeit kaum flüssige Öle zu bekommen waren. Auch Lampen wurden ja mit Rindertalg und teilweise mit Schmalz „befeuert".

Später ging das Wissen der Alchemisten in jenes der Chemiker über und letztlich auch in jenes der Parfumeure.

Bereits im 14. Jahrhundert entstand das „Ungarische Wasser" („Eau de Hongrie"). Es bestand vor allem aus den ätherischen Ölen von Orangenblüten, Minze, Zitrone, Rosenblüten und Melisse.

Das älteste bekannte Parfumeriebuch – es nennt sich „Les Secrets de Maistre Alexys" – entstand im Jahr 1555 in Frankreich. Das Handwerk des Parfumeurs war ursprünglich ein ergänzender Nebenzweig der Handschuhmacher. Man wollte den unangenehmen Geruch des schlecht gegerbten Leders mit einem Parfum übertönen. Handschuhe aus allerlei Lederarten (sogar aus Mäuseleder!) wurden damals in der feinen Gesellschaft immer und überall getragen, um die Haut der Hände zu schonen. Man verwendete vor allem eine Mischung aus Olivenöl mit Blüten, um Duft zu gewinnen. Mit diesem Öl wurden und werden auch heute noch die Handschuhe nach dem Gerben geschmeidig gemacht. (Man nennt das Sämisch-Gerbung.)

Allerdings: Die Geschichte erzählt, dass es auch vergiftete Substanzen sein konnten, welche auf diese Weise über die Handschuhe auf den Körper übertragen wurden, sodass die bemitleidenswerten Opfer an einer Vergiftung durch ihre Handschuhe starben! So mancher „kleine" Racheakt endete mit einem „Handschuh-Mord"... (Einer der bekanntesten Morde wurde auf diese Weise durchgeführt und von Katharina von Medici in Auftrag gegeben.)

Der Handel mit Duftstoffen begann in der Renaissance zu blühen und die Kaufleute – vor allem jene aus Florenz, Venedig und Genua – wurden reich durch den Verkauf von Gewürzen und ätherischen Ölen.

Die ersten gewerbsmäßigen Parfumeure ließen sich im 16. Jahrhundert vor allem in Florenz und in Paris nieder. Die beiden Städte waren zu dieser Zeit Hochburgen der Parfumeriekunst. Aber auch das berühmte Grasse in Frankreich entwickelte sich zu einem Zentrum der Parfumerie: Hier, in dem angenehmen Klima der Provence, wuchsen viele der begehrten Duftstofflieferanten. Ein idealer Platz für Orangenbäume, Rosensträucher, aber auch für Jasmin und Lavendel. Gefördert wurde Grasse besonders durch Katharina von Medici.

Im 17. Jahrhundert gab es bereits eine sehr große Palette an natürlichen ätherischen Ölen: Verschiedene Harze, darunter Benzoe und Zeder, wurden verarbeitet.

Auch Weihrauch, Wacholder, Rose, Rosmarin, Salbei und Zimt gab es in Form von Essenzen, ebenso Liebstöckel, Angelika, Anis, Kardamom und Fenchel.

Es wurden auch bereits ätherische Öle aus folgenden Pflanzen hergestellt: Macis („Muskatnussblüte"), Sandelholz und schwarzem Pfeffer, Thymian, Basilikum, Melisse, Koriander, Dill, Galbanum, Kreuzkümmel, Myrrhe, Lavendel, Minzearten, Iris, Wermut, Guajakholz und Kamille. Die Liste der aus dieser Zeit bekannten Öle ließe sich vermutlich noch um ein ganzes Stück erweitern. Dazu kamen die Essenzen der Zitrusfrüchte, die besonders in Italien Tradition hatten und haben.

Damals entstanden relativ leichte Düfte wie beispielsweise die sogenannten „aquae mirabilis“ – die wundervollen Wasser. Sie wurden sogar als Medizin eingenommen …

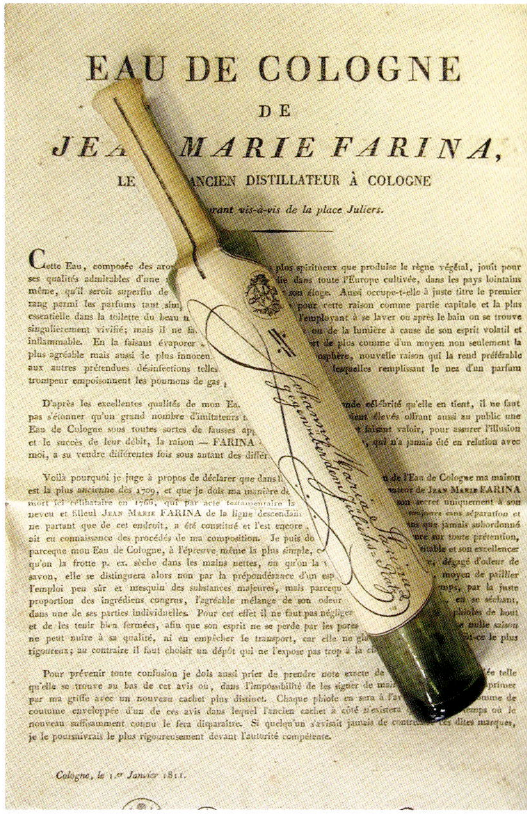

Die Italiener waren es auch, die im Jahr 1725 das berühmte Eau de Cologne erfanden. Wer es nun wirklich war – ob Johann Farina oder einer seiner Verwandten –, der diesen wunderbar erfrischenden Duft aus den ätherischen Ölen der Zitrone, Orange, Bergamotte, Limette, Mandarine, Grapefruit, Zedernholz und diversen Kräutern als Erster herstellte, ist leider ebenso unklar wie die exakte Rezeptur (das Rezept ist auch heute noch unter Verschluss, wie ich bei meinem Besuch der Firma Farina in Köln erfahren habe).

Die berühmte Madame de Pompadour – die Maitresse von König Ludwig XV. von Frankreich – liebte einen Duft aus Orangen, Zitronen, Bergamotte und Rose, das „Eau du Portugal“. (Versuchen Sie doch einmal, so einen „alten Duft“ selbst herzustellen – Sie werden sehen, dass diese Düfte wirklich köstlich waren!)

Zu den bereits oben aufgezählten ätherischen Ölen kam auch noch jenes der Orangenblüten dazu, ebenso ein wunderbarer Rosenduft: Das ätherische Öl der zarten Orangenblüten wurde durch die Enfleurage erzeugt, Rosenblüten wurden auch damals bereits destilliert.

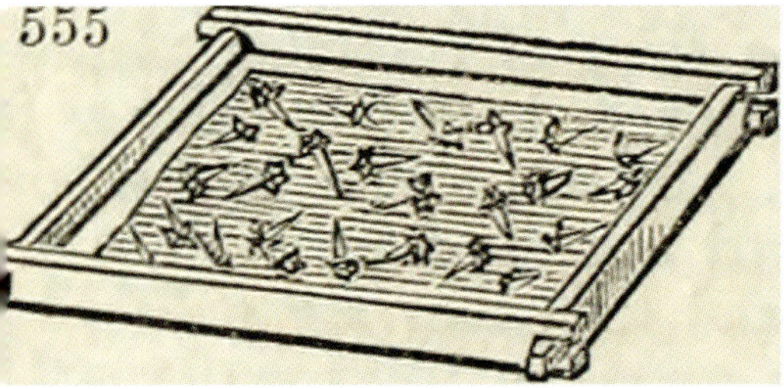

Bei der Enfleurage wurden die Blüten – auch jene von Jasmin und Tuberose – in eine Pomade aus gereinigtem Fett gelegt (man verwendete dafür Rindertalg oder Schweinefett). Bei diesem Verfahren geben die Blüten ihren Duft an das Fett ab. Nach einigen Tagen werden die nun verblühten aus dem Fett gezupft und durch frische Blüten ersetzt. Dieser Vorgang wiederholt sich immer wieder, bis das Fett mit dem Duft „gesättigt“ ist. Danach wird das ätherische Öl mit Alkohol aus dem Fett „ausgewaschen“ und dann kann es verwendet werden.

Da diese Methode äußerst aufwendig ist, wird sie heute nur mehr sehr selten praktiziert. Für unsere „normalen“ ätherischen Öle ist die Wasserdampfdestillation eine der gängigsten Erzeugungsformen.

Auch tierische Produkte wurden für Parfums eingesetzt: Zibet, Moschus, Ambra und Bibergeil waren äußerst begehrt. Obwohl diese Öle eigentlich nicht wirklich ansprechend riechen, wurden sie erfolgreich für die Herstellung von Parfums eingesetzt. Sie gehören für mich zu den „Stinkern“. Aber man benötigte sie zur Verbesserung der Haftfestigkeit eines Parfums. Heute sind diese tierischen Substanzen aus der Parfumindustrie verschwunden und wir bedienen uns alternativer „Stinker“, wie Sie sehen werden.

Einige Düfte können auch heute nur entweder durch Enfleurage hergestellt werden oder auf synthetischem Weg. Die Möglichkeit, synthetische Duftstoffe herzustellen, gibt es seit dem 19. Jahrhundert. Seit der Entdeckung, dass Düfte auch in ihre Bestandteile „zerlegt“ und neu wieder „zusammengebaut“ werden können, hat man in der Parfumindustrie einen Großteil der bekannten Parfums auf synthetischen Duftstoffen aufgebaut.

Dazu gehören beispielsweise Gerüche wie Maiglöckchen, Flieder und auch Geißblatt. Allerdings versuchen die Herstellerfirmen neuerdings, solche „schwierigen“ Düfte mit einer neuen Technik zu erzeugen: Die Kohlenstoffdioxid-Methode lässt auch eine Verarbeitung solch heikler Blüten zu. Auch der Geschmack der Menschen änderte sich im Laufe der Jahre, und naturgemäß damit auch der Geschmack an den Düften. Waren es zu gewissen Zeiten die blumigen Noten, dann kamen einige Jahre später die holzigen und wiederum ein paar Jahre später vielleicht die balsamischen oder krautigen Parfums in Mode.

Das erste „moderne“ Parfum war „Jicky“ von Guerlain (1889). Die darin enthaltenen ätherischen Öle sind Lavendel, Rosenholz, Vanille, Zitrone, Bergamotte, Minze, Verbene und Majoran. Damals wurde noch Zibet als Fixativ dafür verwendet. Ein Großteil der in „Jicky“ verwendeten Stoffe waren allerdings bereits synthetischer Natur. Das Ergebnis dieser Mischung ist ein orientalisch angehauchtes Parfum.

Dann kam Coco Chanel und mit ihr eine Reihe wunderbarer Düfte, die auch heute noch in den Regalen stehen. Eines der wohl bekanntesten aus dieser „Fabrik des Schönen“ ist „Chanel No 5“, entstanden im Jahr 1921. In diesem Parfum vereinigen sich mehr als 30 unterschiedliche synthetische Düfte – allesamt aus dem Labor. Der Duft dieses Parfums fällt in die Kategorie der „Aldehyd“-Gerüche.

Eine weitere Duftrichtung ist ebenfalls geprägt von synthetischen Düften: Chypre.

Der Name stammt von einem Parfum, das im Jahr 1917 von Coty auf den Markt gebracht wurde, dem „Eau de Chypre“. Die harzigen und holzigen Grundtöne, kombiniert mit einem Hauch Leder – das macht dieses Parfum zu einer einzigartigen Verführung.

Nun, ich möchte hier nicht den synthetischen Düften ein Loblied singen. Allen gleichermaßen zu eigen ist, dass sie sich beim Tragen auf der Haut kaum bis gar nicht verändern, im Gegensatz zu den natürlichen ätherischen Ölen, denen meine Liebe gehört.

Der Trend geht heute zu meiner Freude wieder zu diesen natürlichen Inhaltsstoffen, zumindest was die „kleinen" Parfumeure betrifft. Als eine Meisterin ihres Fachs in der Herstellung natürlicher Parfums aus ätherischen Ölen – ohne Zusatz von synthetischen Stoffen – ist die Amerikanerin Mandy Aftel zu nennen, von der ich einiges über die Herstellung und Haltbarkeit dieser Parfums lernen durfte.

Sie werden auch bemerken, dass ein Parfum aus den natürlichen ätherischen Ölen niemals zu 100 % gleich der zuvor mit den selben Ölen gemischten Version sein wird. Es reicht oft schon, dass das ätherische Öl eines anderen Jahrgangs verwendet wird. Letztlich ist es wie beim Wein – der Boden, die Witterung und der Erntezeitpunkt sind maßgeblich dafür verantwortlich, wie das ätherische Öl tatsächlich riecht und sich in der Mischung mit anderen Ölen verhält.

Die Herstellung eines guten natürlichen Parfums kann auch in der Kombination von ätherischen Ölen mit Pflanzentinkturen einhergehen. (Dafür wurden früher die Pflanzen in Weingeist eingelegt und – wie ich es in einem alten Handbuch zur Herstellung von Parfums finden konnte – sogar mit Weingeist destilliert – ein richtiger alchemistischer Vorgang!)

Eine Frau,
die sich nicht
parfumiert,
hat keine
Zukunft.

Coco Chanel

Was ist der Unterschied zwischen Parfum, Eau de Parfum und Eau de Toilette?

Genau betrachtet, sind es die jeweiligen Anteile von Duftstoffen (ätherischen Ölen), Alkohol und Wasser bzw. Hydrolat, die den wichtigsten Unterschied ausmachen. Die Intensität des Duftes und seine Verdünnung machen es also aus, wie ein Produkt bezeichnet wird.

1.) EAU DE COLOGNE

Einer der bekanntesten Vertreter dieser ganz leichten Parfums ist das Kölnisch Wasser. Dieses enthält lediglich einen Duftstoffanteil von etwa 3–5 %. Es ist sehr flüchtig. Ursprünglich war dieses „Duftwasser" zur Erfrischung gedacht und nicht zum Parfumieren.

Eau de Cologne – die bekanntesten davon sind wohl 4711 und jenes von Johann Maria Farina gegenüber dem Jülichs-Platz.

2.) EAU DE TOILETTE

Der Anteil der Duftstoffe ist dabei bereits etwas höher, nämlich 6–9 %. Ein Eau de Toilette verflüchtigt sich ebenfalls noch sehr rasch.

Einige bekannte Namen finden sich auch hier: Elizabeth Arden's „Sunflower", „1881 femme" von Cerruti, „ck one" von Calvin Klein, um nur einige zu nennen.

3.) EAU DE PARFUM, PARFUM DE TOILETTE, ESPRIT DE PARFUM

Das Eau de Parfum hat bereits einen relativ hohen Duftanteil, zwischen 10–20 % sind üblich. Es sollte bereits viel sparsamer eingesetzt werden als beispielsweise Eau de Toilette. Eau de Parfum kann oftmals noch tagelang nach dem Auftragen gerochen werden!

Beispiele aus der großen Parfumerie: „Femme" von Hugo Boss, „Unforgetable" von Christina Aguilera, „J'adore" von Dior …

4.) PARFUM

Ein sogenanntes „Extrait de Parfum" ist sehr intensiv und enthält zwischen 20 und 40 % an Duftstoffen. Sein Duft haftet oft monatelang an der Kleidung. Viele große Düfte gibt es in Form von Parfum, „Chanel No.5", „Jicky", „Mitsouko", „Opium"…

Und dann gibt es da noch:

CREME DE PARFUM

Dabei handelt es sich um ein Parfum auf Creme-Basis.

ÖLPARFUM

In diesem Fall wird statt mit Wasser/Alkohol-Gemisch mit Jojobaöl gearbeitet.

Und natürlich für den Herrn das

AFTERSHAVE.

Nichts kommt
von außen,
alles kommt von
innen ...

Inhaltsstoffe

Moderne Parfums werden zum großen Teil aus synthetischen Ölen gemischt, um die besonderen Noten zu erzielen, die diesen Düften zu ihrer Einzigartigkeit verhelfen. Meist werden 200 bis 400 verschiedene Komponenten dafür verwendet.

Viele der traditionellen Parfums mussten in den letzten Jahren ihre Rezepturen ändern, da einige der verwendeten Inhaltsstoffe als Allergie-Auslöser eingestuft wurden.

Ich halte es da – wie bei vielen Dingen – lieber mit der Natur: Die ätherischen Öle schenken uns so viele unterschiedliche Duftnoten, dass man sich durchaus damit „begnügen" kann!

Wir können aus etwa 300 verschiedenen ätherischen Ölen für unsere Kreationen wählen – das sollte uns doch genug sein.

Bitte achten Sie darauf, dass nicht alle ätherischen Öle für Allergiker unbedenklich sind. Und dass einige von ihnen auch auf die Befindlichkeit von Menschen mit hohem Blutdruck oder Epilepsie eine massive Auswirkung haben können. Wenn Sie zu einer Risikogruppe gehören, so darf ich Sie ersuchen, sich von einer/einem ausgebildeten Aromaexperten/in beraten zu lassen, bevor Sie die entsprechenden ätherischen Öle auswählen.

WELCHE MATERIALIEN UND GEGENSTÄNDE BENÖTIGEN WIR?

- Verschiedene **ätherische Öle** (Sie finden meine speziellen Empfehlungen jeweils bei den Rezeptvorschlägen)
- **96%igen Alkohol** (am besten Weingeist aus der Apotheke oder dem Drogerie-Fachgeschäft)
- **destilliertes Wasser**
- **Hydrolate** (Vorschläge dazu finden Sie in den Rezepten)
- kleine **Braun- oder Blauglasfläschchen** (für Ihre Versuche erst einmal 5-ml-, 10-ml- und 20-ml-Fläschchen) und natürlich **Flakons** für Ihr fertiges Parfum
- **Duftstreifen** (erhalten Sie im guten Fachhandel für ätherische Öle)
- eventuell **Wäscheklammern**, um die Duftstreifen zu fixieren
- eine **Pipette aus Glas**, wenn möglich mit ml-Anzeige
- ein **Becherglas** zum Mischen, wenn nötig
- **Kaffee- oder Teefilter** aus Papier
- **Magnesiumcarbonat** (damit Ihr Parfum am Ende nicht trüb ist)
- für Ölparfums auch noch **Jojobaöl**
- **Arbeitsetiketten**, auf die Sie den Namen bzw. eine laufende Nummer notieren können, für die Braun- oder Blauglasfläschchen
- hübsche **Etiketten** für die fertigen Produkte
- ganz wichtig ist auch eine **unempfindliche, abwischbare, abwaschbare Unterlage**, eventuell besitzen Sie ein Glasbrettchen (Kunststoff wird von den ätherischen Ölen rasch angegriffen und wird unappetitlich und unansehnlich)
- **Schreibheft** und **Stift**

... UND DANN KANN ES EIGENTLICH SCHON LOSGEHEN!

QUALITÄTSKRITERIEN ÄTHERISCHER ÖLE

Über Qualitätskriterien ätherischer Öle habe ich schon in meinen anderen Büchern viel geschrieben. Ich möchte hier nur kurz die wichtigsten Punkte wiederholen:

Was sollte auf unserem Ätherisch-Öl-Fläschchen zumindest stehen?

1. Der (neben dem herkömmlichen Handelsnamen ein wichtiger Punkt, denn der botanische Name verrät uns ziemlich genau, um welche Pflanze es sich wirklich handelt).

2. Das **Herkunftsland** (ein und dieselbe Sorte ätherischen Öls riecht anders, wenn die Herkunftsländer unterschiedlich sind. Probieren Sie es aus!)

3. Auch für Parfum ist die **Herstellungsmethode** des ätherischen Öls, des Absolutes oder des Extraktes wichtig! Es macht einen Unterschied, ob wir es dabei mit einer Wasserdampfdestillation, einer Lösungsmittel-Extraktion oder einer Kaltpressung zu tun haben ...

4. Und dann ist da noch das **Herstellungs- oder zumindest das Haltbarkeitsdatum**, das uns in manchen Fällen über die Verwendbarkeitsdauer unseres Öls Bescheid gibt.

Diese Kriterien helfen übrigens auch bei der Qualitätsfeststellung von Hydrolaten bzw. Pflanzenwässern.

Verwenden Sie für Ihre wertvollen Produkte auch wirklich gute, natürliche ätherische Öle, es lohnt sich, auch wenn der Preis höher ist als der von synthetischen Erzeugnissen.

Wie ist das mit Blütenwachsen?

Auch duftendes Blütenwachs kann für die Parfumherstellung verwendet werden. Dabei handelt es sich um ein Produkt aus der Herstellung ätherischer Öle durch Lösungsmittelextraktion. Eine Vorstufe des ätherischen Öls ist das sogenannte Concrete. Das Concrete ist eine wachsartige, stark duftende Masse.

Man kann das Blütenwachs in wenig Alkohol auflösen und diese alkoholische duftende Substanz für das Parfum verwenden.

Derzeit sind am Markt vor allem

- Rosenwachs
- Jasminwachs
- Mimosenwachs

erhältlich. Die Wachse sind durchaus erschwinglich. Beachten Sie bitte bei der Verwendung allerdings, dass in diesem Fall UNBEDINGT gut filtriert werden muss, da sich im Laufe der Zeit sonst die wachsartigen Bestandteile wieder absetzen. Das Parfum ist zwar dadurch nicht kaputt, müsste aber – wenn sich die Wachspartikelchen nach einem Jahr womöglich am Flaschenrand absetzen – nochmals filtriert werden.

BASIS, HERZ & KOPF

Am Beginn steht immer die Idee ...

Basis, Herz & Kopf

WIE VIELE ÄTHERISCHE ÖLE BRAUCHT MAN FÜR EIN PARFUM?

Von den etwa 300 natürlichen Düften, die uns heute zur Verfügung stehen, werden unterschiedlich viele für die Herstellung benötigt. Manches Mal sind es lediglich vier bis sechs, in anderen Fällen können es bis zu 20 unterschiedliche sein.

Nur zum Vergleich: In der heutigen Parfumindustrie stehen einem Parfumeur etwa 2600 verschiedene synthetische Duftstoffe und etwa 400 natürliche Duftstoffe zur Verfügung. Die meisten Parfumeure arbeiten mit einer „Duftorgel", die um die 900 verschiedene Essenzen und ätherische Öle enthält. Für ihre Kreationen benötigen sie zwischen 50 und gut 200 unterschiedliche Duftstoffe.

IMMER JEDOCH GILT EINE GRUNDREGEL:
EIN GUTES PARFUM BESTEHT AUS

- BASISNOTEN (MEINE "STINKER"),
- HERZNOTEN
- UND KOPFNOTEN!

FIXATEURE UND WARUM WIR „STINKER" FÜR EIN PARFUM BENÖTIGEN

Natürliche Rohstoffe sind unsere Bausteine, aus denen wir das begehrte Parfum kreieren. Und dazu braucht man auch eine Duftnote, die den leichten, luftigen und blumigen Düften einen gewissen „Halt" verleiht. Diesen Halt schenken unseren Parfums die sogenannten Fixateure oder Fixative, wie sie in der Parfumindustrie genannt werden.

Früher wurden dafür tierische Produkte verwendet, ich habe sie bereits erwähnt: Moschus vom Moschushirschen, Zibet von der Zibetkatze, Bibergeil vom Biber – allesamt Sekrete aus den Drüsen dieser Tiere. Um diese Produkte zu gewinnen, mussten die Tiere sterben. Eine Ausnahme bildet das Ambra vom Pottwal, das im Verdauungstrakt gebildet und gelegentlich von ihm ausgeschieden wird.

Aus ethischen Gründen werden diese Stoffe heute nicht oder nur mehr in den seltensten Fällen in der Parfumindustrie verwendet. In der natürlichen Parfumerzeugung haben sie sowieso schon lange keinen Platz mehr. Eine Basisnote (man nennt sie auch „Fond") des Parfums sollte ungefähr 24 Stunden lang noch „nachklingen". Also benötigt man vor allem Düfte dafür, die erdig und tief sind, aber auch balsamische Gerüche zählt man hier dazu.

Welche Fixateure werden heute verwendet?

Die natürlichen Essenzen, die uns als „Stinker" zur Verfügung stehen, sind vorzugsweise ätherische Öle aus Wurzeln. Wir haben es da vor allem mit den Wurzeln von Narde und Vetiver zu tun. Aber auch Angelikawurzel hat die Eigenschaft, andere ätherische Öle gut an sich zu binden. Auch Vanille (es ist als alkoholischer Auszug erhältlich) könnte man als Fixateur verwenden. Das muss man dann aber auch mögen und es passt nicht überall dazu. In diese Gruppe gehört auch Tonka-Bohne, ebenfalls eine in Alkohol gelöste Essenz.

Benzoe Siam *(Styrax benzoin)*

Benzoe Siam – das stinkt doch nun wirklich nicht – ist hervorragend als Basis für ein Parfum geeignet, es sei denn, Sie mögen seine vanillige Süße nicht unbedingt.

Cistrose *(Cistus ladaniferus)*

Das ätherische Öl der Cistrose wird destilliert und duftet herb-krautig. Ich verwende es gerne als eine der Basisnoten für meine Parfums. Es gibt aber noch ein weiteres Produkt aus dieser Pflanze:

Labdanum – das Harz der Cistrose – kann in Alkohol aufgelöst werden (ebenso wie Vanille und Benzoe Siam) und auf diese Weise zu einem Parfum hinzugefügt werden. Dieser Balsam wird interessanterweise in erster Linie von den Blättern ausgeschieden. Bereits im antiken Ägypten wurde Cistrose für Düfte verwendet.

Patchouli

(Pogostemon cablin, Pogostemon patschuli)

Patchouli ist ebenfalls so ein „Stinker"-Öl. Obwohl: Für mich ist es der Duft, den ich mit meiner Großmutter in Verbindung bringe (und sie hat beileibe nicht „gestunken") – es war ein Bestandteil ihres Parfums während meiner Kindertage. Das ätherische Öl wird aus den Blättern dieses Lippenblütlers gewonnen. Der Strauch wächst vor allem auf den Philippinen. Der sehr aufdringliche Duft muss sparsamst eingesetzt werden, dann kann er einem Parfum auch eine wunderbar balsamische Note verleihen.

Sandelholz

(Santalum album)

Ein sehr begehrter Fixateur ist Sandelholz. Echtes Sandelholz aus Mysore in Ostindien ist ein leider bereits selten gewordenes ätherisches Öl und daher auch entsprechend teuer. Eine Alternative bietet sich in Amyris, dem westindischen Sandelholz.

Beide haben einen ausgesprochen angenehmen Duft, warm, exotisch und leicht balsamisch. Sie gehören für mich übrigens nicht zu den „Stinkern".

Hergestellt wird das Öl aus dem Holz des Stammes der mindestens 30 Jahre alten Bäume durch Wasserdampfdestillation.

Vetiver

(Vetiveria zizanioides L.)

Der rauchige Duft dieses ätherischen Öls gehört für mich wirklich zu den „Stinkern". Es ist ein wunderbares Basisöl, trotz alledem! Vetiver wird durch Wasserdampfdestillation aus den Wurzeln dieses Süßgrases gewonnen. Das rötlich-braune, stark duftende ätherische Öl wird man sicherlich nur in kleinen Mengen einsetzen.

Ylang-Ylang

(Cananga odorata)

Ylang-Ylang ist ein sehr schweres Öl aus den Blüten des Cananga-Baums. Dieses Flaschenbaumgewächs stammt aus den Tropen und das Öl wurde bereits 1878 auf der Pariser Weltausstellung als Besonderheit vorgestellt. Sein Duft hüllt ein und schenkt ein narkotisch-süßliches Erlebnis: Ylang-Ylang-Blüten werden traditionell in Ostasien zum Beduften der Hochzeitsbetten verwendet.

Bei Ylang-Ylang gibt es verschiedene Qualitäten, die vom jeweiligen Stadium der Destillation abhängen.

Narde *(Nardostachys jatamansi)*

Das ätherische Öl der Narde ist wiederum ein Wurzelöl. Die echte Narde ist eine Verwandte des Baldrian und stammt aus dem Himalaya. In buddhistischen Tempeln verwendet man getrocknete Nardenwurzeln auch als Räucherwerk. Sie wurde auch im antiken Ägypten bereits verwendet. Nardenöl riecht sehr erdig, leicht bitter und herb. Es ist – ähnlich wie Vetiver – ein ausgesprochen dominantes ätherisches Öl und sollte immer sehr sparsam eingesetzt werden.

Und dann haben wir noch einen wirklich moschusartigen Duft in der Palette – sehr teuer wohl, aber in manchen Fällen zahlt sich das vermutlich aus: **Moschuskörner-Öl** wird aus den Samenkörnchen einer Hibiskusart gewonnen.

Für alle diese Öle ist es besonders wichtig, dass sie vorerst einmal sehr, sehr sparsam eingesetzt werden. Nachtropfen können Sie immer noch – herauslösen nie mehr!

DIE BEDEUTUNG DER „HERZNOTEN" FÜR UNSER PARFUM

Was wir landläufig unter „Herznoten" verstehen, sind zumeist Blütendüfte. Aber auch die ätherischen Öle der Kräuter gehören zum großen Teil in diese Gruppe.

Eine Herznote wird uns im Normalfall zwischen drei und zwölf Stunden begleiten, also für die Nase „erriechbar" sein. Das ist nicht wirklich sehr lange, aber dennoch ausreichend, finde ich.

Ein ätherisches Öl aus dieser Gruppe bestimmt oftmals die Richtung des Parfums, allerdings nicht immer. Es gibt natürlich auch Parfums, die von ihrer Basisnote dominiert werden, ebenso wie jene, die von den Kopfnoten geleitet werden.

Werfen wir einen Blick auf die Herznoten, so werden wir feststellen, dass viele dieser Düfte besonders starke, blumige Düfte sind, mit einer speziellen Dominanz.

Einige der wichtigsten Düfte dieser Gruppe sind Lavendel, Rose, Jasmin, Neroli und Rosengeranie. Jeder Einzelne von ihnen gibt eine eigene Richtung vor und dennoch passen sie auch in der Mischung recht gut zusammen.

Allerdings: Bei der Verwendung dieser Düfte sollten Sie zu Beginn sehr sparsam sein und nur wenige Tropfen für Ihre Mischung einsetzen.

In der Liste am Ende des Buches finden Sie die bevorzugten Herznoten ebenso aufgelistet wie die besten Basisnoten und Kopfnoten.

Rose *(Rosa damascena, Rosa centifolia)*

Bei Rose ist vor allem darauf zu achten, ob Sie Rose destilliert oder Rose Absolue einsetzen. Was macht den Unterschied?

Rose destilliert schenkt den typischen Rosenduft in zarter, luftiger Form. Es handelt sich dabei um ein ätherisches Öl, das durch Wasserdestillation gewonnen wurde.

Rose Absolue wird in einem Lösungsmittelverfahren gewonnen, sein Duft ist ungleich schwerer. Für mich aber d e r Duft, authentisch für die Rosensorten, die ich liebe. Eine Geschmacksfrage, ohne Zweifel! Und seit kurzer Zeit erhält man auch ein Produkt aus der CO_2-Extraktion, einen sehr starken und beinahe narkotischen Duft.

Zur Rose sei noch gesagt, dass es eine ganze Reihe der unterschiedlichsten Rosendüfte im Handel gibt. Von der Art der Herstellung einmal abgesehen, finden Sie im guten Fachhandel vor allem folgende gängige Sorten:

- **Rose Türkisch** – besitzt einen warmen und vollen Duft, leicht süßlich.
- **Rose Bulgarisch** – etwas schwerer und blumiger als die türkische Rose.
- **Rose Indisch** – hat einen holzigen Unterton, tiefgründig, aber dennoch fruchtig.
- **Rose Alba** – die weiße Rose, die nicht immer wirklich weiß ist, besitzt einen eher hellen, aber dennoch intensiven Duft.
- **Bourbon-Rose** – duftet ein wenig nach Vanille.
- **Marokkanische Rose** – ein Duft, wie er für mich die Rose symbolisiert, warm und sinnlich.

MAN BENÖTIGT ETWA 3000 KG FRISCHE BLÜTEN, UM 1 LITER ROSENÖL HERSTELLEN ZU KÖNNEN!

HERZNOTEN

Lavendel *(Lavandula angustifolia L.)*

Mit dem Duft von Lavendel verbinden sich viele Emotionen. Einige von Ihnen werden vielleicht jetzt meinen, dieser Duft sei doch altmodisch. Ich widerspreche da sehr gerne, denn Lavendel ist zeitlos. Er wird gerne in verschiedenen Mischungen eingesetzt, allerdings ist auch hier die Dosis maßgeblich mit verantwortlich, ob das Parfum angenehm oder unangenehm duftet.

Ursprünglich kommt der echte Lavendel aus dem Mittelmeergebiet. Er benötigt für eine gute Duftentwicklung die klimatischen Bedingungen in Höhen zwischen 600 und 1800 m. Gesammelt wird während der Blütezeit, am besten dann, wenn die kleinen Blüten noch nicht ganz aufgeblüht sind. Zumeist wird Lavendel nach dem Schneiden noch ein bis zwei Tage auf dem Feld liegen gelassen und erst dann destilliert. So kann er seinen besonderen Duft besser entwickeln.

Auch beim Lavendel fein finden wir verschiedene Sorten:
Es macht tatsächlich einen Unterschied, ob das Lavendelöl aus Frankreich oder Italien stammt, ob es aus Kroatien kommt, aus Bulgarien oder aus England! Jede Lavendelsorte besitzt eine ganz spezielle „Note". Geübte „Nasen" können die Unterschiede sogar recht leicht feststellen!

Mein bevorzugter Lavendel fein ist eigentlich ein sogenannter „Lavendel extra", ein Berglavendel aus Wildsammlung. Er hat für mich den authentischsten Lavendelgeruch.

Rosengeranie *(Pelargonium graveolens)*

Die Rosengeranie mit dem ihr eigenen Duft spaltet oftmals die Gemüter, ebenso wie der Lavendel. In der Aromakultur spricht man diesem ätherischen Öl auch eine leicht hormonelle Wirkung zu, es wird besonders gerne bei Wechselbeschwerden oder hormonellen Schwankungen verwendet.

Das ätherische Öl wird vor allem aus den Blättern der Pflanze destilliert. Ursprünglich kommen die Pelargonien übrigens aus Südafrika, aus der Kapregion. Heute werden Pelargonien vor allem auf Réunion, auf Madagaskar und in Ägypten für die Produktion des ätherischen Öls angebaut.

Für mich ist es – zart dosiert – ein wunderbar rosiger Duft, der vor allem in der Kombination mit Sandelholz oder Rosenholz gut zur Geltung kommen kann. Voraussetzung ist allerdings, dass auch fruchtige Noten dabei nicht vergessen werden, sonst wirkt das ätherische Öl der Rosengeranie bald einmal unangenehm.

Jasmin

(Jasminum sambac, Jasminum grandiflorum)

Auch bei Jasmin gibt es verschiedene Qualitäten, mein bevorzugter Duft für Parfum ist Jasmin sambac, der etwas schwerer ist als jener von Jasmin grandiflorum.

Auch Jasmin gehört zu den teureren ätherischen Ölen. Eigentlich völlig klar, wenn man sich die Zartheit der Blüten vor Augen hält und wie viel davon allein für 1 kg ätherischen Öls benötigt werden: Aus 1 Tonne der kleinen Blüten (das entspricht etwa 8–9 Millionen Blüten!) wird 1 kg des Absolues gewonnen. Da verwundert der Preis nicht mehr!

Jasmin sambac könnte man auch als Herz-Basis-Note ansehen, wegen seiner etwas schwereren Duftnote ...

Neroli *(Citrus aurantium var. Amara flos.)*

Das Gleiche wie für den Jasmin gilt auch für die Orangenblüte. Neroli, das seinen Namen im 18. Jahrhundert angeblich von Flavia Orsini Prinzessin von Neroli erhielt, wird ebenfalls vor allem mit Hexanextraktion – und daher als Absolue – erzeugt, man erhält es aber auch als destilliertes Öl.

Neroli schenkt uns – ebenso wie Rose – ein unendlich kostbares ätherisches Öl. Es gibt eine süß-herbe Note im Kontext eines Parfums.

Die meisten Herznoten haben also floralen Charakter. Aber es gibt natürlich auch einige aus der Gruppe der Kräuter und Gewürze. Dazu gehören für mich beispielsweise der Duft der Kamille römisch, Davana, Galbanum, Gewürznelke, Majoran und Muskatellersalbei.

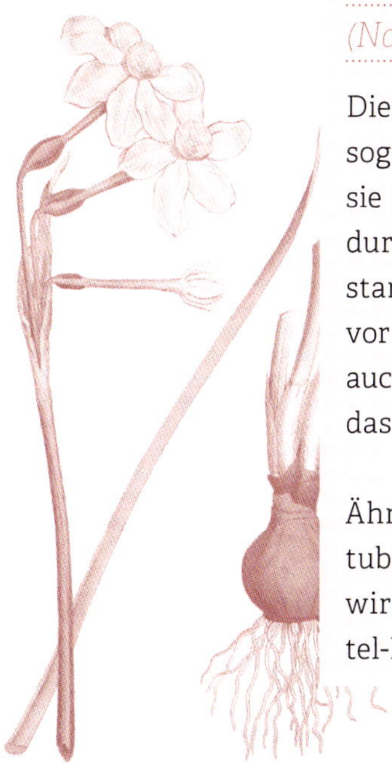

Jonquille

(Narcissus jonquilla, Narcissus poeticus L.)

Dieser duftige, blumige, ja erotische Duft stammt von der sogenannten Weißen Narzisse (in manchen Gegenden wird sie auch Dichter-Narzisse genannt). Das ätherische Öl wird durch Lösungsmittel-Extraktion gewonnen. Ursprünglich stammt die Weiße Narzisse aus dem Mittelmeerraum, wo sie vor allem in Spanien weit verbreitet war. Heute gehört sie auch zu den Attraktionen des Ausseer-Landes, wo alljährlich das Narzissen-Fest zu ihren Ehren gefeiert wird.

Ähnlich wie Jonquille ist der Duft der Tuberose (Polianthes tuberosa L.), die ebenfalls gerne für Parfums verwendet wird. Auch dieses ätherische Öl wird mittels Lösungsmittel-Extraktion gewonnen.

Gewürznelke

(Syzygium aromaticum)

Auf Madagaskar und in Indonesien wachsen die Gewürznelkenbäume.

Jeder kennt die kleinen getrockneten Blüten mit ihrem Aussehen wie kleine Nägel. Im Mittelalter taufte man das Gewürz „negellin". Daher kommt wohl auch der Name „Nelke".

Das ätherische Öl wird aus den Blütenknospen gewonnen. Es duftet süß und würzig und passt für mich vor allem in „Kuschelparfums".

DIE „SCHNELLEN“ – DAS SIND DIE KOPFNOTEN

Was man an einem Parfum zuerst wahrnimmt, das sind die „schnellen“ Düfte. Sie sind besonders rasch in der Nase und auch schnell wieder weg, unsere Kopfnoten. Sie haften etwa bis zu zwei Stunden auf der Haut. Und ihre Aufgabe ist es, uns auf das Parfum und seine Trageeigenschaften neugierig zu machen.

In erster Linie verstehen wir unter Kopfnoten die ätherischen Öle der Zitrusfrüchte. Sei es nun die Orange oder die Bergamotte, die Grapefruit oder die Mandarine Grün – sie alle wehen schnell heran und verflüchtigen sich recht rasch wieder.

Machen Sie doch einfach einmal einen Versuch: Geben Sie einen Tropfen Bergamottöl auf ein Taschentuch und schnuppern Sie daran. Sie nehmen den Duft meist als sehr intensiv wahr. Lassen Sie das Taschentuch eine Stunde liegen und schnuppern Sie nochmals daran: Jetzt werden Sie bemerken, dass sich die Intensität praktisch „verabschiedet“ hat – das Öl ist kaum mehr zu riechen. (Macht man diesen Test mit einem Tropfen Benzoe Siam, so riechen Sie ihn auch noch am nächsten Tag!)

Aber nicht nur Zitrusfrüchte schenken uns eine Kopfnote, auch Ingwer beispielsweise gibt einen sehr hellen Duft, ebenso wie Lemongrass und die Zitronenmyrte.

Wichtig sind folgende Kopfnoten für die Parfumherstellung.

Bergamotte *(Citrus bergamiae)*

Ohne den herb-frischen Duft der Bergamotte geht bei den leichten Parfums gar nichts. Das ätherische Öl wird aus den Fruchtschalen dieser Zitrusfrucht gewonnen. Bergamotte-Öl wird entweder durch Kaltpressung oder – in manchen Fällen – auch durch Wasserdampfdestillation gewonnen. Sie kennen den Duft vielleicht auch, wenn Sie gerne Tee trinken: Der Earl-Grey-Tee wird damit aromatisiert.

Bergamotte eignet sich nicht nur für Damenparfums, es passt auch sehr gut für ein Aftershave oder einen Herrenduft.

Zitrone *(Citrus limon)*

Auch das ätherische Öl der Zitrone wird durch Kaltpressung hergestellt. Es sollte bei der Verwendung nie „überaltert“ sein. Zitrusöle sollten generell immer frisch verwendet werden. Sind sie in einem Parfum enthalten, also bereits mit Alkohol vermischt, bleiben sie relativ stabil. Als reines ätherisches Öl aufbewahrt, verändert sich die Qualität durch Oxidation.

Limette *(Citrus aurantifolia)*

Das Limettenöl ist meiner Meinung nach das spritzigste der Zitrusöle. Auch dieses Öl gibt es in zwei Qualitäten wie auch das Öl der Bergamotte. In gepresster Form riecht es fruchtig und herb, in destillierter Form eher weicher und dennoch ein wenig scharf.

Grapefruit *(Citrus paradisi)*

Oh ja: mein Lieblingsduft unter den Zitrusdüften! Spritzig, aber dennoch vollmundig und rund bietet dieses ätherische Öl meiner Nase jedes Mal einen genüsslichen Moment!

Das Öl der Grapefruit sitzt ebenfalls in der Schale und wird zumeist durch Kaltpressung hergestellt. Es gibt allerdings auch ein destilliertes ätherisches Öl: Grapefruit complete. Und dieses ist nun mein absoluter Favorit! Es hat neben den anderen Vorzügen dieses Öls noch jenen des ultimativen Erlebnisses, das man sonst nur beim Hineinbeißen in eine ausgereifte rosa Grapefruit hat.

Bitterorange *(Citrus aurantium)*

Dieses ätherische Öl aus den Schalen und dem ungenießbaren Fruchtfleisch besitzt einen herben und leicht bitter anmutenden Duft.

Es frischt so manches Parfum ein wenig auf und passt vor allem in die Herrennoten.

Orange süß *(Citrus sinensis L.)*

Orangenöl wird durch Kaltpressung der Schalen erzeugt und duftet warm und süß, ist aber dennoch eine ausgesprochene Kopfnote – obwohl: Ein bisschen Herz ist wohl schon dabei!

Es gehört unbedingt in die Zusammenstellung einer Duftorgel. Mit seinem angenehmen Geruch kann es so manche Mischung zusammenführen.

DIE „ZWITTER"

Darunter verstehe ich die sogenannten „Zwischentöne" – sie gehören weder zur Kopf- noch zur Herznote so richtig dazu, sie sind eben zwischendrin. Genauso verhält es sich mit jenen, die sich zwischen Herz- und Basisnote einfinden.

Unter Kopf-Herz-Note reihe ich folgende Düfte ein:

Blutorange *(Citrus aurantium Mori)*

Die Blutorange besitzt einen sehr warmen und sonnigen Charakter. Sie kommt nicht – wie beispielsweise die Bergamotte – spritzig und frisch in unsere Nase. Dieses ätherische Öl umweht uns wie der Wind an einem lauen Sommerabend.

Dennoch ist es nicht stumpf und dunkel ... für mich also eine typische Zwischenstufe!

Koriander *(Coriandrum sativum)*

Bekommt man den Duft von Koriander in die Nase, empfindet man ihn zuerst einmal frisch und pfeffrig. Seine Würzigkeit wiederum wärmt. Also ist auch Koriander ein Duft „zwischen den Zeilen".

Lavandin Super

(Lavandula intermedia)

Der Abkömmling des Lavendel fein und des Speiklavendel hat einerseits die Frische des Speiklavendel – das kommt von seinem Kampfergehalt – und die warme Würzigkeit des Lavendel fein. Lavandin Super ist ein hervorragendes auffrischendes ätherisches Öl, aber dennoch: Eine reine Kopfnote ist er für mich nicht.

Die Myrte *(Myrtus communis)*

Der Duft der Myrte ist frisch, krautig und ein wenig zitronig. Die Frische deutet wohl auf eine Kopfnote hin, aber der stark krautige „Nachgeschmack" macht daraus eine unvollkommene Herznote. Demnach würde ich auch die Myrte als Zwitter einordnen, zwischen Kopf und Herz.

Allerdings sei hier angemerkt, dass es immer auch auf die Herkunft und den „Jahrgang" ankommt: Nicht alle Myrten duften gleich, auch wenn sie alle unter dem Namen Myrtus communis im Handel sind.

Pfeffer schwarz

(Piper nigrum)

Der eindeutige Duft des schwarzen Pfeffers ist warm, würzig und aromatisch. Und das mit einem hellen Hintergrund. Aber urteilen Sie bitte selbst, ob Sie ihn in die Gruppe der Kopf- oder jene der Herznoten einordnen wollen ...

Schwarzer Pfeffer gedeiht vor allem in Südindien. Ein ätherisches Öl aus einem wunderbaren Gewürz!

Rosmarin cineol

(Rosmarinus officinalis Ct. Cineol)

Rosmarin ist ebenfalls ein Gewächs des Mittelmeerraums. Seine Blättchen – lederartig und sehr schmal – kennen wir auch als Gewürz in der Küche.

Der spritzige, krautige Duft des ätherischen Öls würde auf eine Kopfnote hinweisen. Aber sein Geruch haftet lange und wird im Älterwerden weicher und wärmer. Daher ist auch er nicht eindeutig zuzuordnen. Das ätherische Öl wird durch Wasserdampfdestillation gewonnen.

DIE ZWEITE GRUPPE DIESER „ZWITTRIGEN“ DÜFTE: DIE HERZ-BASIS-NOTEN

Wie schon bei der vorhergehenden Gruppe ist auch hier für mich ein Einordnen nicht wirklich einfach. Aus diesem Grund finden Sie unter diesem Titel jene Düfte, die weder eindeutig Herz noch Basis sind.

Cascarilla *(Croton Eluteria Bennet)*

Dieser schöne Duft ist würzig, leicht holzig, balsamisch, aber nicht sehr dunkel. Er passt für mich einerseits zu den Herznoten, weil er einfach das Herz erfreut, ist aber genauso als Basisnote einsetzbar, weil holzig im hinteren Abgang.

Ho-Blatt *(Cinnamomum camphora ct. Linalool)*

Ebenso wie Cascarilla lässt sich Ho-Blatt nicht genau zuordnen. Es duftet rosig, frisch und warm.

Weihrauch *(Boswellia sacra, Boswellia carterii)*

Der Weihrauchstrauch kommt vor allem in den Arabischen Emiraten und in Ostafrika vor. Er gehört seit Jahrtausenden zu den Räuchermitteln und wurde in der Antike auch zum Einbalsamieren von Mumien verwendet. Das soll uns nicht daran hindern, uns mit seinem würzig-balsamischen Duft zu beschäftigen!

Das ätherische Öl des Weihrauchs wird mit Wasserdampfdestillation aus dem Harz gewonnen.

Kardamom *(Elettaria cardamomum)*

Kardamom-Öl mit seiner würzigen, frischen, aber dennoch holzigen Note ist „weder Fisch noch Fleisch" – auch dieses Öl hat sowohl den Herz-Charakter als auch einen Basisklang.

Kardamom gehört zu den Ingwergewächsen. Aus den Fruchtkapseln wird das ätherische Öl gewonnen.

Mimose, Rhododendron, Rosenholz, Wacholder, aber auch die Weißtanne sind sowohl Herz- als auch Basisnoten – mit ihren warmen, würzigen Düften wärmen sie das Herz, erfreuen es, halten aber auch lange das Duftgefüge eines Parfums zusammen.

Wie ich bereits mehrfach angemerkt habe: Jede Nase riecht anders und nimmt Gerüche in der ihr eigenen Weise wahr. Meine Duftempfindungen müssen absolut nicht mit Ihren persönlichen übereinstimmen. Das bedeutet aber für Sie: Machen Sie sich selbst ein Duftbild!

Parfums sind eine direkte Form der ***Kommunikation …***

ANDERE ORDNUNGSMÖGLICHKEITEN

Man kann Düfte natürlich auch noch anders zuordnen. Einige Parfumeure sortieren nach anderen Empfindungen wie zum Beispiel:

- **holzig** (erinnert an Bleistifte oder zerkleinertes Holz)
- **ledrig** (duftet nach frischem Leder)
- **aromatisch-würzig** (Geruch von Gewürzen)
- **balsamisch** (Vanille-Schoko-Düfte)
- **süß-aromatisch** (wenn es nach Mandeln und Honig riecht)
- **fruchtig-dunkel** (Düfte von reifen Früchten)
- verschiedene Stufen von **Blütendüften**
- **krautig-würzig**
- **fruchtig-hell** (beispielsweise so ähnlich wie Birne und Apfel)
- **grün** (damit wird alles bezeichnet, was grasähnlich riecht oder nach frischen Blättern)
- **krautig** (wie beispielsweise Minze)
- **waldig**
- und natürlich **zitronig**

Wie beginnen wir nun?

Bevor wir mit dem Mischen beginnen, sollten wir unsere ätherischen Öle nach dem Schema einer Duftorgel sortieren. Was bedeutet das?

Entweder sortieren Sie die Öle nach Kopf-, Herz- und Basisnoten (inkl. der „Zwischentöne"), eine weitere Möglichkeit ist es, sie nach dem Alphabet einzuordnen. Oder Sie legen sich Ihr eigenes Ordnungsschema zurecht.

Ich arbeite gerne mit einer Ordnung nach dem Alphabet, da ich alle meine Öle sehr gut kenne. Einfacher ist es allerdings, sich die drei Hauptgruppen vorzubereiten, vor allem dann, wenn man mit den Düften noch nicht so vertraut ist.

Haben wir die Möglichkeit, die Öle auf einem Arbeitstisch vor uns aufgebaut stehen zu lassen, so geht das gut, wenn wir sie immer auf denselben Platz zurückstellen. Müssen die Öle immer wieder weggepackt werden, so empfiehlt sich letztlich der Kauf eines Stufenregals oder eines tragbaren Öl-Kastens zum Verschließen. Dieser Kasten hat den Vorteil, dass die ätherischen Öle auch immer lichtgeschützt aufbewahrt werden können.

Ich habe mir angewöhnt, immer alle Rezepturen von Beginn an exakt zu notieren. Sei es eine Rezeptur für eine Creme, Salbe oder für die Duftlampe. Und natürlich mache ich das auch bei meinen Rezepturen für Parfums. Beginnen Sie dazu mit einem einfachen Schulheft – Änderungen sind mit einem Stift leichter und schneller zu machen, während man mischt, als am Laptop oder am Computer.

Notieren Sie die verwendeten Bestandteile und die jeweilige Tropfenanzahl genau, nur so können Sie einen Duft, der Ihnen gefällt, auch wieder nachproduzieren. Obwohl: Ganz genau so wird er nie wieder riechen!

Warum? Weil Duft immer auch von Ihrer persönlichen Tagesverfassung abhängt, aber daneben auch von der Charge des ätherischen Öls. (Bei ätherischen Ölen ist es nämlich wie beim Wein: Je nach Jahrgang, Anbau, Ort ... etc. wird von der gleichen Pflanzenart oftmals ein anders duftendes Öl gewonnen.

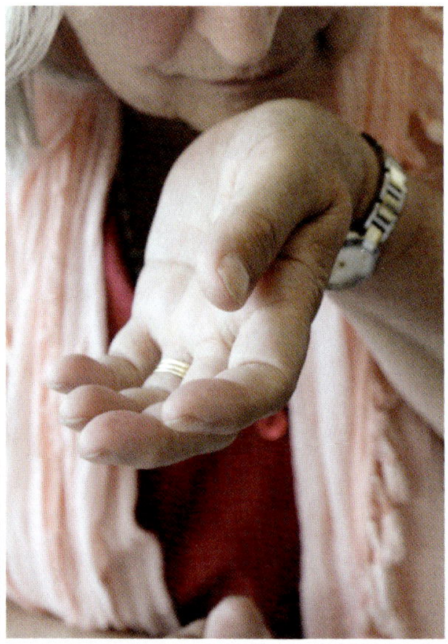

Ein Duft muss die
besten Augenblicke
des Lebens wieder wachrufen.

Karl Lagerfeld

GRUND REZEPTE & ANLEITUNGEN

GRUNDREZEPTUR ÖLPARFUM

Ein solches Parfum herzustellen, ist denkbar einfach! Sie benötigen folgende Zutaten:

- **1 Roll-on** (möglichst 5 ml oder 10 ml)
- **10–15 Tropfen ätherischer Öle** für ein 5-ml- bzw. ca. 25–30 Tropfen für ein 10-ml-Fläschchen sind ausreichend
- **Jojobaöl** zum Auffüllen

Zuerst werden die ätherischen Öle ausgewählt.
1 – 2 – 3 heißt die Grundregel:

→ **1 TEIL BASISNOTE**

→ **2 TEILE HERZNOTE**

→ **3 TEILE KOPFNOTE**

Dieses Mischungsverhältnis hat sich recht gut bewährt, aber selbstverständlich kann man auch nach eigener Nase ein anderes wählen.

→ Die Öle werden in den Roll-on-Stick getropft, dann wird mit dem Jojobaöl aufgefüllt. → Ein Ölparfum kann gleich nach dem Zusammenstellen verwendet werden. Dennoch sollten Sie beachten, dass sich dieser Duft im Laufe der Zeit verändern kann.

NUN GEHT ES AN DIE HERSTELLUNG ALKOHOLISCHER PARFUMS

Dafür mischen wir zuerst die ätherischen Öle in einem kleinen Braunglasfläschchen. Für den Anfang reicht sicherlich ein 5-ml-Fläschchen. Auch für ein Eau de Parfum wählen wir unsere ätherischen Öle nach der 1 – 2 – 3 -Regel aus.

Beim Herstellen von Parfum müssen wir ebenfalls ein wenig rechnen:
Wenn wir beispielsweise 5 ml ätherische Öle mischen, dann entspricht das ungefähr der Anzahl von insgesamt 100–120 Tropfen.

Die ätherischen Öle sollten nach dem Mischen für etwa 2–4 Wochen „ruhen". Während dieser Zeit werden sie zumindest jeden zweiten Tag einmal sanft durchgeschüttelt. Das Ölgemisch entwickelt in der Ruhezeit seinen späteren Duft. Testen Sie von Zeit zu Zeit mit einem Duftstreifen, ob Ihnen die Mischung gefällt. Wenn nicht, können Sie jetzt noch das eine oder andere ätherische Öl beifügen.

Nach der Ruhezeit wird die Mischung der ätherischen Öle mit Alkohol und destilliertem Wasser oder Hydrolat versetzt. Jetzt müssen Sie sich entscheiden, ob Sie ein Parfum, ein Eau de Parfum, ein Eau de Toilette oder ein Eau de Cologne damit herstellen wollen.

GRUNDMISCHUNG PARFUM

- Für 20 ml Parfum benötigen wir insgesamt ca. 80–100 Tropfen ätherisches Öl, das entspricht ca. 4–5 ml. Die Mischung aus ätherischen Ölen lassen wir jetzt ruhen, siehe Grundanleitung.
- Danach wird im nächsten Schritt mit ca. 12 ml Alkohol aufgegossen. Gut miteinander verschütteln.
- Lassen Sie auch diese Mischung nun ein paar Tage ruhen, bevor Sie sie mit ca. 3–4 ml Hydrolat oder destilliertem Wasser auf 20 ml Gesamtmenge auffüllen.
- Bitte wieder gut verschütteln und nochmals etwa eine Woche ruhen lassen (dabei jeden zweiten Tag aufschütteln).
- Jetzt ist das Parfum fertig zum Gebrauch.

GRUNDMISCHUNG EAU DE PARFUM

- Der Unterschied zum Parfum liegt in der Verdünnung:
- Zu einer Mischung von ca. 30 Tropfen ätherischer Öle (ca. 1,5 ml) kommen bei dieser Variante 12–14 ml Alkohol und letztlich ca. 5 ml destilliertes Wasser oder Hydrolat.

GRUNDMISCHUNG FÜR EAU DE TOILETTE BZW. FÜR EIN STARKES AFTERSHAVE

- Das ätherische Öl wird wiederum etwas weniger: Jetzt benötigen wir nur mehr 20 Tropfen unserer Mischung, dafür etwas mehr Alkohol (ungefähr 15 ml) und etwas mehr destilliertes Wasser oder Hydrolat.

GRUNDMISCHUNG FÜR EIN EAU DE COLOGNE UND FÜR EIN LEICHTES AFTERSHAVE

- Die Mischung ätherischer Öle wird nochmals reduziert, es reichen für ein Eau de Cologne 10 Tropfen für unsere 20 ml – der Alkohol-Anteil wird auf ca. 16 ml erhöht, der Rest ist Hydrolat oder destilliertes Wasser.

In einem alten Rezeptbuch habe ich eine ganze Reihe von verschiedenen Mischungen für „echtes“ Eau de Cologne gefunden – eine wahre Fundgrube für Experimente. Allerdings sind die Herstellungsmethoden ziemlich abweichend von jenen, die wir heute praktizieren. Sie finden eines dieser Rezepte als kleine Kuriosität auf Seite 136.

GRUNDMISCHUNG FÜR EIN CREME-PARFUM

Dafür mischen Sie zuerst eine Creme-Basis, in die eine entsprechende Tropfenanzahl Ihres Parfumgemischs eingerührt wird. Mein bevorzugtes Creme-Parfum-Rezept geht ganz schnell:

- 10 ml Jojobaöl und 10 g Kakaobutter werden mit 3 g Bienenwachs im Wasserbad aufgeschmolzen.
- Anschließend gibt man in die noch heiße Masse 20 g Sheabutter und verrührt alles gut miteinander. (Damit die Sheabutter keine Klümpchen bildet, darf die Masse nicht mehr zu heiß sein. Und mein Tipp für eine gute Konsistenz: Rühren, rühren, rühren!)
- Während die Creme erkaltet, mischt man tropfenweise die Parfummischung dazu.
- Füllen Sie die Creme in ein kleines Glasdöschen. (Die Konsistenz ändern Sie am besten entweder mit Hilfe der Kakaobutter oder des Bienenwachses.)

Sie sehen, es ist gar nicht so schwierig! Wichtig ist, dass Sie Ihrem Parfum immer genug Zeit lassen, seinen Duft zu entwickeln. Erst danach wird auf die entsprechende Variante verdünnt. Hilfe beim Berechnen finden Sie in der Tabelle im Anhang.

ANLEITUNG:

CREME-PARFUM

1

Bienenwachs und Jojobaöl im Wasserbad aufschmelzen.

2

Rühren,
rühren,
rühren!

ANLEITUNG:

CREME-PARFUM

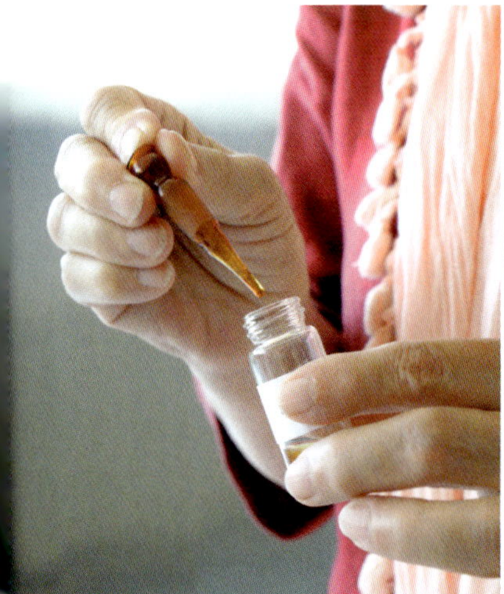

3

Während die Creme erkaltet, mischt man tropfenweise die Parfummischung dazu.

4

Füllen Sie die Creme in ein kleines Glasdöschen.

5

Creme-Parfum am Handgelenk auftragen.

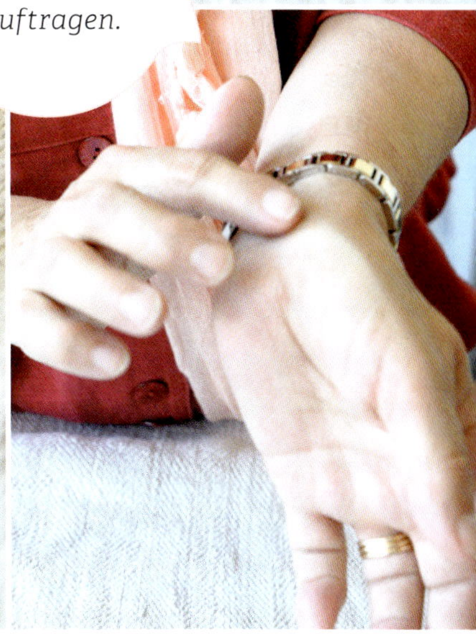

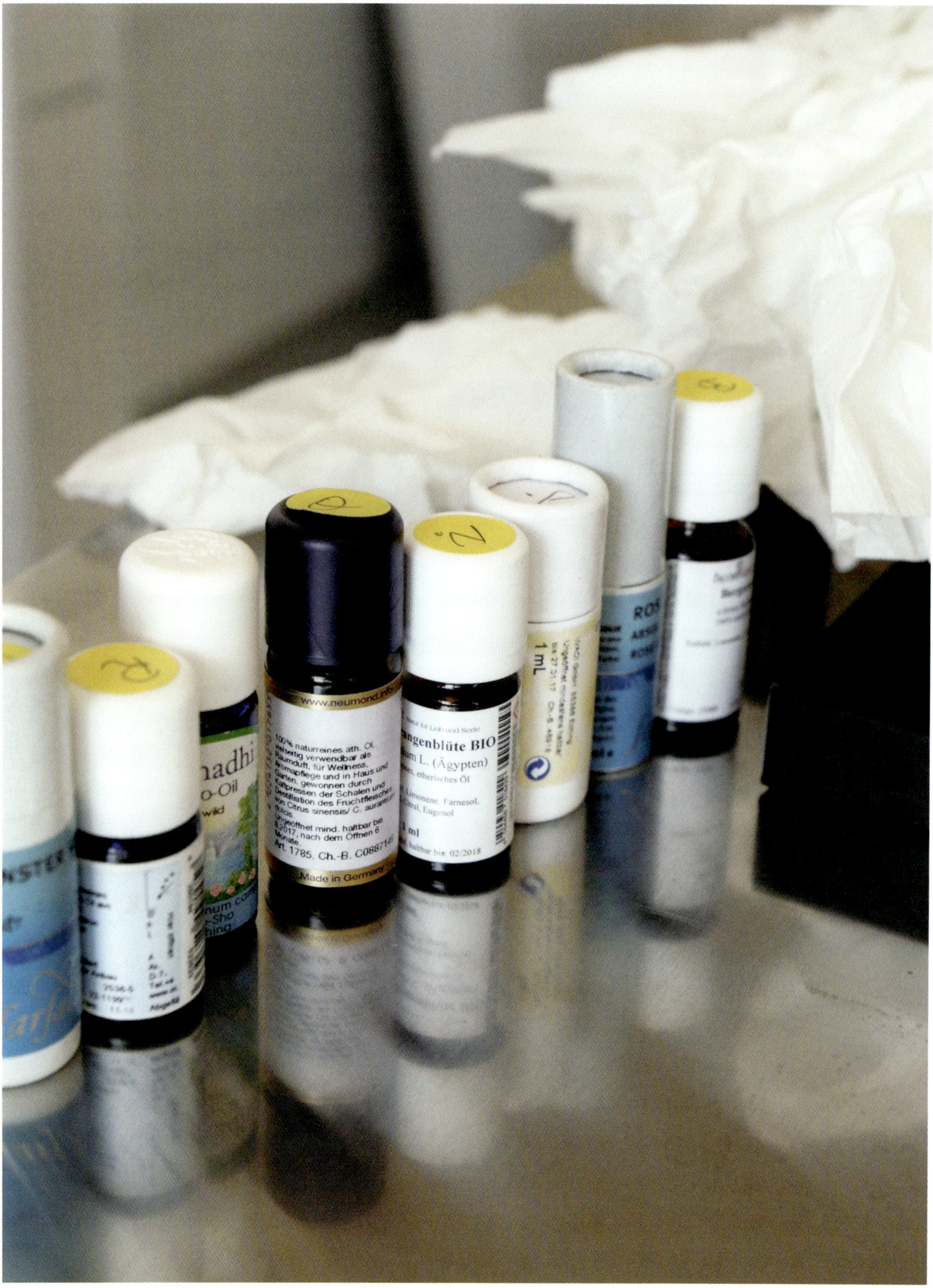
www.neumond.info
100% naturreines äth. Öl, vielseitig verwendbar als Raumduft, für Wellness, Aromapflege und in Haus und Garten, gewonnen durch Kaltpressen der Schalen und Destillation des Fruchtfleisches von Citrus sinensis/ C. aurantium dulcis.
Ungeöffnet mind. haltbar bis 8.2017, nach dem Öffnen 6 Monate.
Art. 1785, Ch.-B. C0887149
Made in Germany
(Ägypten)
etherisches Öl
haltbar bis: 02/2018
1 mL

Aller Anfang...

BEVOR WIR STARTEN, RICHTEN WIR UNSEREN ARBEITSPLATZ EIN:

Die Unterlage, die ätherischen Öle, Duftstreifen, Fläschchen, Ihr Notizheft, den Stift und ein paar Stücke einer Küchenrolle, falls etwas danebengeht. Achten Sie bitte beim Tropfen immer darauf, dass nichts auf Ihre Kleidung oder Ihre Hände gelangt!

Ich weiß, es ist nicht einfach, die Düfte nach ihrem Charakter zusammenzustellen. Bei meinen ersten Versuchen kamen oftmals sehr sonderbare Duftmischungen heraus (sie hatten wohl einen gewissen Charme, aber genaugenommen gingen sie mir nicht wirklich unter die Nase).

Beginnen Sie mit einer simplen Übung für Ihre Nase. Sie benötigen dazu ein kleines Braunglasfläschchen, drei ätherische Öle und einige Duftstreifen.

ICH SCHLAGE IHNEN VOR, IHR EXPERIMENT MIT GÜNSTIGEN, ABER DENNOCH QUALITATIV GUTEN ÖLEN ZU STARTEN.

BESONDERS GUT ZUM START EIGNEN SICH DIE FOLGENDEN VARIANTEN:

Variante 1: *Lavendelduft liegt in der Luft*

BASISNOTE

1 Tropfen Rosenholz

HERZNOTE

2 Tropfen Lavendel fein

KOPFNOTE

3 Tropfen Grapefruit

Variante 2: *Mein Sonnenstrahl*

BASISNOTE

3 Tropfen Rosenholz

HERZNOTE

5 Tropfen Neroli

KOPFNOTE

8 Tropfen Bergamotte oder als weichere Variante Bitterorange

Variante 3: Rosen für die Dame

BASISNOTE

1 Tropfen Sandelholz

HERZNOTE

2 Tropfen Rose bulgarisch, destilliert (eventuell auch verdünnt in Alkohol, wenn Sie es nicht zu duftintensiv mögen)

KOPFNOTE

3 Tropfen Bergamotte

Variante 4: Glücksmomente

BASISNOTE

3 Tropfen Sandelholz

HERZNOTE

4 Tropfen Rose Absolue

KOPFNOTE

6 Tropfen Blutorange oder Orange süß

Schritt für Schritt zum perfekten Duft:

1. Beginnen Sie mit der **Basisnote** der Variante, die Ihnen am besten gefällt.
2. Geben Sie **einen Tropfen** davon in Ihr Fläschchen.
3. Nun kommen **zwei Tropfen** der gewählten **Herznote** dazu.
4. Nehmen Sie einen **Teststreifen**, tauchen ihn in die Mischung und versuchen Sie, den Duft ein wenig einzuschätzen.
5. Nun kommen **drei Tropfen der Kopfnote** in Ihr Fläschchen. Denken Sie dabei auch daran, dass die Kopfnote am schnellsten wieder verflogen sein wird.
6. Wir testen wieder mit einem **Teststreifen**. Passt der Duft, dann lassen wir's dabei. Oft wird Ihnen aber auffallen, dass die Herznote zu dominant ist. Was tun?
7. In diesem Fall probieren Sie mit **1–2 weiteren Tropfen der Kopfnote**, die Duftmischung „aufzuhellen". Meist reicht das auch.
8. Bitte **etikettieren** Sie Ihre Duftkreation unbedingt, auch wenn es sich vorerst nur um die „Erzeugungsflasche" handelt. Es gibt nichts Schlimmeres als ein Parfum, von dem man im Nachhinein nicht mehr weiß, um welches es sich handelt ...
9. **Reinigen** Sie Ihren Arbeitsplatz!

Intermed 1 Ltd
Rose water
Not for sale

ANLEITUNG:

DÜFTE MISCHEN

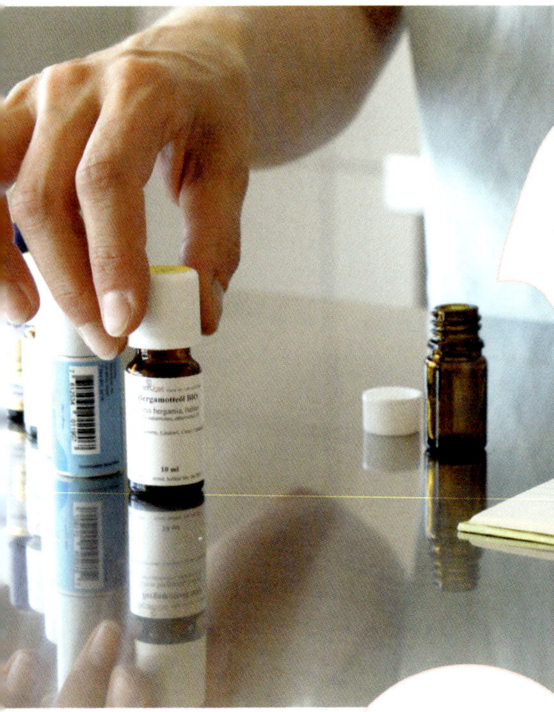

1

Beginnen Sie mit der Basisnote der Variante, die Ihnen am besten gefällt.

2

Notieren Sie im Notizbuch, wieviel Tropfen Sie verwendet haben.

1 TEIL BASIS

2 TEILE HERZ

3 TEILE KOPF

3

Fügen Sie dann die Herznote hinzu.

ANLEITUNG:

DÜFTE MISCHEN

4

Jetzt kommt die Kopfnote hinzu.

5

Probieren Sie die Duftmischung mit einem Teststreifen.

Braucht es noch ein paar Tropfen zum Abrunden? Notieren Sie sich das.

6

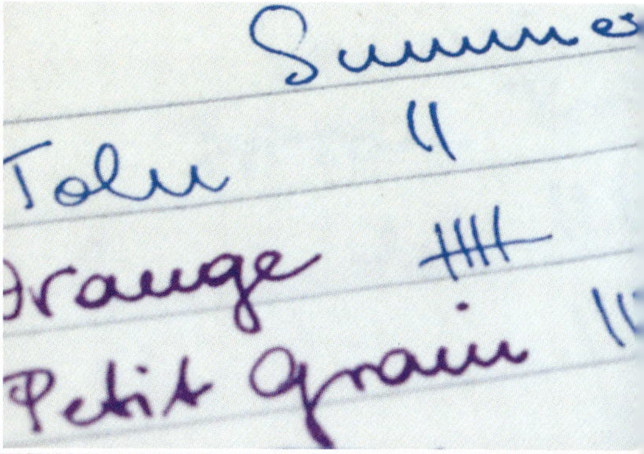

7

Etikettieren, und fertig!

WENN SIE NUN ÜBEN WOLLEN ...

... dann versuchen Sie doch jetzt, Ihre gewählte Mischung einmal mit einer Erhöhung der Basisnote zu verändern, dann wieder einmal mit Erhöhung der Herznote. Oder mit der Ergänzung einer der drei Noten mit einem zusätzlichen ätherischen Öl Ihrer Wahl. Sie werden sehen, dass die Vielfalt dadurch nahezu unendlich ist.

Denken Sie beim Mischen bitte immer daran: Was drin ist, kann nicht mehr herausgenommen werden – haben wir von einem Öl zu viele Tropfen erwischt, so müssen wir die Anteile der anderen Öle ebenfalls erhöhen.

Passt der gemischte Duft, so sollte er ruhen – wie ich bereits erklärt habe. Nach ein paar Tagen wieder mit dem Teststreifen probieren.

Warum macht man eine Geruchsprobe mit einem Teststreifen?

Überlegen Sie einmal, wie viele Blüten, Kräuter oder Hölzer dafür benötigt werden, um nur 10 ml ätherischen Öls zu produzieren! Bei Rosen oder Jasmin werden durchschnittlich etwa 3 Tonnen Blüten für 1 Liter ätherischen Öls benötigt!

Wenn Sie also direkt am Fläschchen riechen, so „stimmt“ der Duft nicht wirklich mit dem der Mischung überein. Im Fläschchen des ätherischen Öls ist der Geruch von mehreren 100 Blüten oder Gewürzen enthalten! Am Streifen wird der Duft authentischer wahrgenommen. Und nebenbei schonen Sie auch Ihre Geruchsnerven!

Wie kreiere ich nun einen bestimmten Duft?

Nun, für mich ist immer eine Stimmung ausschlaggebend dafür, wie ich einen Duft zusammensetze. Dazu überlege ich mir erst einmal ein bestimmtes Thema. So wie ich hier für dieses Büchlein vor allem die vier Jahreszeiten für die einzelnen Parfum-Mischungen herangezogen habe, haben Sie natürlich die Möglichkeit, sich auch ein anderes Thema zu wählen. Beispielsweise „Hochzeit im Mai", „Teenager-Love", „New Look" (wenn Sie beispielsweise nach einer Stilberatung wie der Phönix aus der Asche steigen wollen), „Gartenfee" oder auch „Sexy Hexi" – was immer Sie wollen.

Dafür suche ich erst mal eine oder zwei Herznoten heraus. Diese ätherischen Öle bestimmen dann die Richtung des Parfums. Das mag anfangs etwas schwierig erscheinen, wenn Sie aber nicht zu viele ätherische Öle vor sich aufreihen, dann funktioniert das recht gut. Lassen Sie sich auch einfach durch meine nachfolgenden Duftkreationen inspirieren und wandeln Sie diese einfach ab. Bei einigen der Parfums habe ich für Sie bereits nach Alternativ-Düften gesucht – probieren Sie's!

DAS PARFUM MUSS RUHEN ...

Hat unsere Mischung ihre Ruhezeit gut überstanden, müssen wir uns überlegen, für welches Produkt sie sich besonders gut eignet.

Bei Verdünnung ausschließlich mit Alkohol müssen wir nichts weiter tun, als das Parfum nochmals ruhen zu lassen. Ebenso dann, wenn wir ein Ölparfum damit herstellen wollen. Lassen Sie Ihre Mischungen in diesem Fall für ca. vier Wochen ruhig an einem dunklen Ort stehen.

ANLEITUNG: DÜFTE WEITER-VERARBEITEN

PARFUM
EAU DE PARFUM
EAU DE TOILETTE
ETC.

1

Bereiten Sie einen Flakon vor und wählen sie einen Ihrer gemischten Düfte aus.

MISCHVERHÄLTNISSE FINDEN SIE AUF S. 73–74

Für ein Eau de Parfum z. B., kommen zu einer Mischung von ca. 30 Tropfen ätherischer Öle 12–14 ml Alkohol und letztlich ca. 5 ml destilliertes Wasser oder Hydrolat.

2

Zuerst füllen Sie die entsprechende Menge Alkohol mit einem Trichter in den Flakon.

ANLEITUNG: DÜFTE WEITER-VERARBEITEN

3

Dem Alkohol wird nun die Duftmischung mit einer Pipette beigefügt.

4

Zuletzt wird mit destilliertem Wasser oder Hydrolat aufgefüllt.

5

Gut verschließen und genießen!

WEITERVERARBEITUNG

Verdünnen wir allerdings mit Alkohol und Hydrolat oder destilliertem Wasser, so beachten Sie bitte, dass Sie in jedem Fall zuerst die Parfummischung mit Alkohol versetzen müssen, damit diese Mischung eine haltbare Verbindung eingehen kann. Erst danach gibt man das Wasser oder das Hydrolat dazu. Durch diese Beigabe von Wasser oder Hydrolat wird die Mischung trübe. Um diese Trübung wieder wegzubekommen, muss unser Eau de Parfum, Eau de Toilette, Eau de Cologne oder Aftershave anschließend filtriert werden.

Es hat sich bewährt, VOR dem Filtrieren das Gemisch in den Kühlschrank zu stellen. Kühl verarbeitet es sich letztlich beim nächsten Schritt besser!

Das Abfiltrieren funktioniert recht gut mit einem Kaffeefilter aus Papier. Sprühen Sie das Filterpapier vorsichtig mit etwas Alkohol ein. Anschließend verstreuen Sie eine Messerspitze Magnesiumcarbonat auf dem Filterpapier und stecken dieses in den Glastrichter. Nun gießen Sie Ihr Parfum ganz langsam durch das Filterpapier in einen hübschen Flakon. Es sollte jetzt keine Trübung mehr aufweisen.

Wenn Ihnen das Papier gerissen sein sollte und Sie nun nicht nur das Parfum, sondern auch Magnesiumcarbonat im Flakon haben, müssen Sie bitte nochmals filtrieren!

Anschließend muss nun das Parfum wieder ruhen, es benötigt diese Zeit, um gut zu reifen. Reifen bedeutet, dass sich die einzelnen ätherischen Öle miteinander verbinden (es entsteht eine chemische Reaktion der einzelnen Inhaltsstoffe). Nach etwa vier Wochen ist das Parfum fertig und Sie können es benutzen!

Im nächsten Abschnitt beschäftigen wir uns mit Grundmischungen, die ich für Sie gestaltet habe.

Die Kurzbeschreibungen zu den verwendeten ätherischen Ölen finden Sie im Anhang 1. Bei den nachfolgenden Rezepturen habe ich bewusst auf die Mengenangabe von Alkohol verzichtet. So haben Sie die Möglichkeit, sich selbst für eine Mischung zu entscheiden, die Ihrer Nase entspricht.

Damit Sie gleich loslegen können, habe ich für Sie einige Parfums kreiert. Selbstverständlich sind die Rezepturen auch ganz leicht abzuwandeln und auf Ihr eigenes Bedürfnis zuzuschneiden!

Ich habe für meine Rezepturen verschiedene Themenkreise gewählt, Sie finden zu jeder Jahreszeit mehrere Mischungen für die Abwandlung als Parfum, Eau de Parfum, Eau de Toilette, Eau de Cologne, Ölparfum oder Parfum-Creme nach den Grundrezepten.

Außerdem finden Sie auch drei Duftvarianten für den Herrn, verwendbar als Aftershave oder auch als Herrenparfum. Und – für Fortgeschrittene – gibt es auch eine ganz spezielle Rezeptur für ... nun, sehen Sie selbst!

DÜFTE DURCHS JAHR

*Die Blumen
des Frühlings sind die
Träume
des Winters.*

Khalil Gibran

Düfte des Frühlings

Im Frühling sprießt es und das frische Grün inspiriert mich immer wieder dazu, leichte, luftige Düfte zu zaubern. Dazu passen die ätherischen Öle von Bergamotte, Zitrone, Grapefruit auf der einen Seite, Champaca, Rose (destilliert), Myrte, Bergamottеminze und Mimose andererseits. Und dazu als verbindende Basis die Düfte von Rosenholz, Ho-Blatt und der leichte Hauch von Vanille. In der einen oder anderen Mischung werden Sie auch andere ätherische Öle finden – die Parfums sind für mich einfach durch diese Öle „runder" geworden.

Natürlich können Sie die Zitrusdüfte auch gerne untereinander austauschen, kein Problem! Lassen Sie Ihre Nase sprechen!

Ein Ölparfum zu machen ist für den Start wohl die einfachste Methode. Sie haben die Möglichkeit, das Ölparfum in einen kleinen 5-ml-Roll-On zu füllen. Das ist besonders praktisch. Ölparfum trägt man vor allem hinter den Ohren und auf die Handgelenke auf.

Frühlingsnächte

(Rezept für ein Ölparfum)

Für dieses Parfum mischen wir vorerst in ein kleines 10-ml-Fläschchen oder gleich in einen 10-ml-Roll-On die folgenden ätherischen Öle:

BASISNOTE

2 Tropfen .... Vanille *(Vanilla planifolia)*
3 Tropfen .... Ho-Blatt *(Cinnamomum camphora ct. Linalool)*
2 Tropfen .... Vetiver *(Chrysopogon zizanioides)*

HERZNOTE

5 Tropfen .... Myrte *(Myrtus communis)*
2 Tropfen .... Mimose *(Acacia dealbata)*
2 Tropfen .... Frangipani *(Plumeria alba frangipani)*

KOPFNOTE

5 Tropfen .... Grapefruit *(Citrus paradisi)*
3 Tropfen .... Bergamotte *(Citrus bergamiae)*
2 Tropfen .... Zitrone *(Citrus limon L.)*

→ Diese Mischung wird auf 10 ml mit Jojobaöl aufgefüllt, bleibt nun fürs Erste in unserem Fläschchen – bitte gut verschließen nicht vergessen – und sollte für mindestens eine Woche „reifen".

→ Jeden Tag wird das Fläschchen gut geschüttelt.

→ Nach der Ruhepause testen wir den Duft durch Auftragen auf den Puls. Fertig!

Ein ganz leichtes Frühlingsparfum möchte ich Ihnen deshalb hier noch empfehlen – verwenden Sie es bitte wirklich als Parfum oder als Ölparfum. Der Duft ist leicht wie ein Morgen im Frühling:

„Frühlingsmorgen“

BASISNOTE

1 Tropfen .... Benzoe Siam *(Styrax tonkinensis)*

HERZNOTE

3 Tropfen .... Zitronenmelisse *(Melissa officinalis)*
3 Tropfen .... Lavendel fein *(Lavandula angustifolia)*
2 Tropfen .... Neroli *(Citrus Aurantium var. Amara flos.)*

KOPFNOTE

5 Tropfen .... Zitrone *(Citrus limon)*
3 Tropfen .... Bergamotte *(Citrus bergamiae)*

→ 15 ml Alkohol und 5 ml destilliertes Wasser zum Abrunden.

→ 10 ml dieser Mischung könnten Sie zum Beispiel auch in einen Roll-on-Stick oder in ein Miniflakon füllen und zur Erfrischung in der Handtasche mitnehmen.

→ Wollen Sie das Parfum als Ölparfum verwenden, dann lassen Sie bitte Alkohol und destilliertes Wasser weg und nehmen dafür Jojobaöl.

„Sizilianischer Frühling"

Dieser Duft ist in Erinnerung an eine Sizilien-Reise entstanden. Mich faszinieren die Düfte der Zitrusfrüchte, sie symbolisieren Frische und Leichtigkeit. Und auch der ewige Wind auf dieser zauberhaften Insel tut das Seine dazu. Lassen Sie sich von dieser Mischung zu Ihrer eigenen Kreation inspirieren!

BASISNOTE

4 Tropfen ....Rhododendron *(Rhododendron anthopogon)*

HERZNOTE

5 Tropfen .... Ylang-Ylang *(Cananga odorata)*
5 Tropfen .... Rosengeranie *(Pelargonium graveolens)*
5 Tropfen ....Rose bulgarisch, destilliert *(Rosa damascena)*

KOPFNOTE

15 Tropfen ....Bitterorange *(Citrus aurantium var. Amara)*
30 Tropfen ....Bergamotte *(Citrus bergamiae)*
3 Tropfen ....Zitrone *(Citrus limon L.)*

- Diese Mischung ätherischer Öle lebt von der Heiterkeit der Bitterorange und der Bergamotte (immerhin enthalten diese Früchte ja auch mindestens 100 Tage Sonne, meint mein Mann).
- Das Bitterorangenöl kann natürlich auch ersetzt werden, wenn Ihnen der Duft zu herb sein sollte. In diesem Fall probieren Sie es bitte mit Grapefruit. Anstelle von destilliertem Wasser empfehle ich Ihnen, für dieses Parfum ein Orangenblüten-Hydrolat zu verwenden – es intensiviert das Gefühl der Frische!
- Aus dieser Komposition lässt sich sehr gut ein Eau de Parfum oder ein Eau de Toilette herstellen, je nachdem, wie stark Sie die Mischung verdünnen wollen. Bitte verwenden Sie für die Berechnung die Tabelle im Anhang!

„Blütenrausch"

Im Frühling duftet in meinem Garten der Bauernjasmin. Was liegt da näher, als diesen Duft auch für ein Parfum einfangen zu wollen? Ich habe versucht, diesen weichen, warmen und intensiven Frühlings-Blütenrausch mit ätherischen Ölen nachzumachen.

BASISNOTE

3 Tropfen .... Narde *(Nardostachys jatamansi)*
3 Tropfen .... Rhododendron *(Rhododendron anthopogon)*

HERZNOTE

10 Tropfen .... Jasmin *(Jasminum sambac)*
2 Tropfen .... Lavendel *(Lavandula angustifolia)*
3 Tropfen .... Lavandin *(Lavandula intermedia)*
5 Tropfen .... Rosengeranie *(Pelargonium graveolens)*
3 Tropfen .... Atlaszeder *(Cedrus atlantica)*

KOPFNOTE

25 Tropfen .... Bergamotte *(Citrus bergamiae)*
10 Tropfen .... Neroli *(Citrus aurantium var. Amara flos.)*
5 Tropfen .... Mandarine grün *(Citrus reticulata)*
8 Tropfen .... Orange süß *(Citrus aurantium)*

→ Diese Mischung eignet sich als Parfum, aber auch als Eau de Parfum und bei entsprechender Verdünnung auch als Eau de Toilette. Wenn Sie kein destilliertes Wasser verwenden wollen, so empfehle ich Ihnen Orangenblütenhydrolat.

→ Natürlich kann man diese Parfummischungen das ganze Jahr über verwenden. Mir gefällt aber der Gedanke, sich für den Sommer die Düfte der heißen Monate einzufangen.

Der Sommer macht den Menschen zum Träumer.

Paul Keller

Düfte des Sommers

Schwüle Nächte, heiße Tage – so stellen wir uns einen richtigen Sommer vor! Und wenn ich dafür in der Kiste mit meinen ätherischen Ölen krame, dann fallen mir besonders diese dafür in die Hände:

Muskatellersalbei, Rosenholz, Orange süß, Bergamotte (die passt ja eigentlich zu jeder Jahreszeit!), Lavendel, Neroli, Jasmin, Palmarosa, Vetiver und Sandelholz. Und natürlich: Rose in allen Varianten. Zum Abrunden vielleicht Champaca und Kamille römisch, eventuell auch Atlas-Zeder und Cananga, Weihrauch arabisch und ein wenig Ylang-Ylang.

„Freyas Garten“

BASISNOTE

2 Tropfen .... Rhododendron *(Rhododendron anthopogon)*
2 Tropfen .... Ho-Blatt *(Cinnamomum camphora ct. Linalool)*

HERZNOTE

1 Tropfen .... Rose absolue *(Rosa centifolia)*
1 Tropfen .... Jasmin *(Jasminum sambac)*
1 Tropfen .... Neroli *(Citrus Aurantium var. Amara flos.)*
1 Tropfen .... Ginster *(Spartium junceum)*

KOPFNOTE

3 Tropfen .... Bergamotte *(Citrus bergamiae)*
6 Tropfen .... Orange *(Citrus aurantium)*

„Sommerbrise“

Wie eine frische Brise fliegt dieser Duft ganz leicht durch den Sommer. Er eignet sich am besten für ein Eau de Cologne oder ein Eau de Toilette:

BASISNOTE

2 Tropfen .... Palmarosa *(Cymbopogon martinii)*
2 Tropfen .... Ylang-Ylang *(Cananga odorata)*

HERZNOTE

3 Tropfen .... Lavendel fein *(Lavandula angustifolia)*
3 Tropfen .... Neroli *(Citrus Aurantium var. Amara flos.)*

KOPFNOTE

2 Tropfen .... Grapefruit *(Citrus paradisi)*
5 Tropfen .... Bergamotte *(Citrus bergamiae)*
6 Tropfen .... Zitrone *(Citrus limon)*

Dazu passt Lavendelhydrolat recht gut.

„Sommernacht“

Diese Mischung wurde inspiriert durch heiße Sommernächte. Sie ist etwas „duftintensiver“ und mit ein wenig Fingerspitzengefühl könnten Sie daraus ein ganz besonderes Dufterlebnis kreieren, wenn Sie eventuell das eine oder andere ätherische Öl „tauschen“ oder vielleicht auch die Menge variieren.

BASISNOTE

3 Tropfen .... Ashwaghanda *(Withania somnifera)*

→ lassen Sie es versuchsweise auch einmal weg

2 Tropfen .... Rhododendron *(Rhododendron anthopogon)*

1 Tropfen Vetiver .... *(Chrysopogon zizanioides)*

→ auch 2 Tropfen wären möglich

5 Tropfen .... Rosenholz *(Aniba roseaodora)*

HERZNOTE

5 Tropfen Myrte .... *(Myrtus communis)*

→ Sie können Myrte auch weglassen!

3 Tropfen .... Petit Grain Bigarade *(Citrus bigaradia)*

5 Tropfen .... Atlas-Zeder *(Cedrus atlantica)*

KOPFNOTE

4 Tropfen .... Mandarine grün *(Citrus reticulata)*

→ versuchen Sie alternativ Grapefruit

4 Tropfen .... Bergamotte *(Citrus bergamiae)*

5 Tropfen .... Orange süß *(Citrus aurantium)*

Verdünnen geht sehr gut mit Rosenhydrolat – oder Sie lassen den Duft für sich allein wirken und nehmen destilliertes Wasser. Versuchen Sie's: Es ist ein interessantes Experiment, die Mischung ein wenig anders zu gestalten. Oftmals ist es nur ein Tropfen, der bereits ein völlig neues Parfum entstehen lässt!

„Sunset"

Träumen Sie sich einmal in einen Sommerabend, der leise Duft einer verblühenden Rose mischt sich mit der Süße des Abends. Sie genießen die letzten Sonnenstrahlen, während sich der Himmel in zartes Rosa taucht und die Sonne langsam hinter den Dächern versinkt ... So war meine Stimmung beim Erschaffen dieses Duftes:

BASISNOTE

2 Tropfen .... Cascarilla *(Croton Eluteria Bennet)*
2 Tropfen .... Vanille Extrakt *(Vanilla planifolia)*

HERZNOTE

3 Tropfen .... Rose Absolue *(Rosa centifolia)*
3 Tropfen .... Champaca *(Michelia champaca)*

KOPFNOTE

6 Tropfen .... Grapefruit *(Citrus paradisi)*
2 Tropfen .... Blutorange *(Citrus aurantium Mori)*

Cascarilla könnten Sie auch weglassen – nehmen Sie in diesem Fall 3 Tropfen Vanille Extrakt. Verdünnen Sie diese Komposition nur zu einem Eau de Parfum, mit ganz wenig Rosenhydrolat. Der Duft darf ruhig etwas stärker sein!

„Im Zitrusgarten"

Dieser Duft speziell für Eau de Cologne ist ein idealer Begleiter für jeden Sommertag. Ich liebe diesen Duft, der mich auch ein wenig an einen Urlaub in Süditalien und an Orangen- und Zitronenbäume erinnert.

BASISNOTE

3 Tropfen .... Ylang-Ylang *(Cananga odorata)*
1 Tropfen .... Tolu-Balsam *(Myroxylon balsamum)*

HERZNOTE

4 Tropfen .... Rosengeranie *(Pelargonium graveolens)*
4 Tropfen .... Rose Absolue *(Rosa centifolia)*
4 Tropfen .... Jasmin sambac *(Jasminum sambac)*

KOPFNOTE

6 Tropfen .... Mandarine Grün *(Citrus reticulata)*
6 Tropfen .... Bergamotte *(Citrus bergamiae)*
4 Tropfen .... Grapefruit *(Citrus paradisi)*

Ich habe dieses Eau de Cologne mit 25 ml Alkohol angesetzt und nach etwa 4 Wochen mit Orangenblütenhydrolat auf ca. 100 ml aufgefüllt. Nach weiteren vier Wochen war es für mich fertig und konnte abfiltriert werden. Einen kleinen Teil davon habe ich in ein Fläschchen für die Handtasche umgefüllt – es begleitet mich im Sommer an so manchem Tag.

Der Herbst ist ein
zweiter Frühling,
wo jedes **Blatt**
zur **Blüte** *wird.*

Albert Camus

Herbstdüfte

Der Herbst bringt uns vor allem die Gerüche von reifem Obst, Wein, Fülle, Almenduft und Berglüfterl. Und auch die ätherischen Öle passen sich hier ein wenig an.

Ich verwende für den Herbst gerne auch mal das ätherische Öl von Weihrauch, Virginiazeder und Wacholderbeere. Aber auch eine Prise Pfeffer darf bei mancher Mischung dabei sein, ebenso wie Rosmarin und Thymian. Der Nebeneffekt dieser Parfums ist übrigens ihre erkältungshemmende Wirkung.

„Bei Nacht und Nebel"

Wenn die ersten Herbstnebel wallen, dann wird es leicht mal fröstelig. Die ausgewählten ätherischen Öle vermitteln uns das Gefühl der Geborgenheit. Niemand verirrt sich gern bei Nacht und Nebel ...

BASISNOTE

2 Tropfen .... Narde *(Nardostachys jatamansi)*
5 Tropfen .... Rosenholz *(Aniba roseaodora)*
4 Tropfen .... Sandelholz *(Santalum album)*
3 Tropfen .... Virginiazeder *(Juniperus virginiana)*
3 Tropfen .... Benzoe Siam *(Styrax tonkinensis)*

HERZNOTE

4 Tropfen .... Rose destilliert *(Rosa damascena)*
3 Tropfen .... Muskatellersalbei *(Salvia sclarea)*
5 Tropfen .... Weihrauch arabisch *(Boswellia carterii)*
3 Tropfen .... Galbanum *(Ferula galbaniflora)*

KOPFNOTE

10 Tropfen .... Grapefruit *(Citrus paradisi)*
→ oder Mandarine grün *(Citrus reticulata)*

10 Tropfen .... Bergamotte *(Citrus bergamiae)*

Diese sinnliche Duftmischung kann gerne auch als Ölparfum oder als Parfum verwendet werden. Ist sie zu intensiv, geben Sie einfach ein wenig Öl oder Alkohol dazu – je nachdem, wie Sie die Parfumbasis angelegt haben. (Rosenhydrolat würde sehr gut passen ...)

„Herbst im Gebirge“

BASISNOTE

2 Tropfen .... Narde *(Nardostachys jatamansi)*
2 Tropfen .... Virginia-Zeder *(Juniperus virginiana)*
5 Tropfen .... Wacholderbeere *(Juniperus communis)*
2 Tropfen .... Weißtanne *(Abies alba)*

HERZNOTE

3 Tropfen .... Neroli *(Citrus Aurantium var. Amara flos.)*
2 Tropfen .... Rosmarin Cineol *(Rosmarinus officinalis ct. Cineol)*
2 Tropfen .... Muskatellersalbei *(Salvia sclarea)*

KOPFNOTE

15 Tropfen .... Grapefruit *(Citrus paradisi)*
2 Tropfen .... Zitrone *(Citrus limon)*

Aus dieser Mischung lässt sich durch leichte Abwandlung der Tropfenanzahl oder durch das Austauschen beispielsweise von Rosmarin Cineol mit Cistrose, oder auch durch den Tausch von Muskatellersalbei mit Geranie ein neuer Duft kreieren. Versuchen Sie es doch einmal!

„Herbst im Gebirge“ eignet sich besonders gut als Eau de Toilette – achten Sie bitte dabei auf die richtige Verdünnung nach der Mischungsanleitung! Falls Sie es bekommen können, sollten Sie ein Rosmarin-Hydrolat für den wässrigen Anteil wählen.

„Herbstmorgen"

Ein Morgen im Herbst mit dem Hauch von Schärfe in der Luft, der durch die Mischung von Bitterorange, Grapefruit, Thymian und Rosmarin wiedergegeben wird. Ergänzt mit dem zarten Basisduft von Vetiver und Palmarosa, abgerundet durch schwarzen Pfeffer:

Diese Mischung bringt das Gefühl von Wärme, sie hüllt ein und macht gute Laune! Und sie hilft auch ein wenig, wenn wir das Gefühl einer Erkältung in uns tragen.

BASISNOTE

4 Tropfen .... Vetiver *(Chrysopogon zizanioides)*
2 Tropfen .... Palmarosa *(Cymbopogon martinii)*
3 Tropfen .... Cascarilla *(Croton Eluteria Bennet)*
3 Tropfen .... Benzoe Siam *(Styrax tonkinensis)*

HERZNOTE

2 Tropfen .... Pfeffer schwarz *(Piper nigrum)*
5 Tropfen .... Thymian linalool *(Thymus officinalis ct. Linalool)*
7 Tropfen ...... Rosmarin Verbenon *(Rosmarinus officinalis ct. Verbenon)*
2 Tropfen .... Zirbelkiefer *(Pinus cembra)*

KOPFNOTE

12 Tropfen .... Bitterorange *(Citrus aurantium var. Amara)*
→ oder Bergamotte *(Citrus bergamiae)*

15 Tropfen .... Grapefruit *(Citrus paradisi)*
2 Tropfen .... Zitronenmyrte *(Backhousia citriodora)*

Machen Sie den Duft nicht zu schwer – gut wirkt er als Eau de Parfum oder Eau de Toilette. Vergessen Sie niemals auf den Alkohol! Er ist ein wichtiger Bestandteil für die Haltbarkeit und die Duftintensität! Ich habe übrigens mein Eau de Parfum mit destilliertem Wasser fertiggestellt.

Winterzeit
bedeutet Atemholen
für den Frühling.

Duftmischungen des Winters

Der Winter ist die Zeit der Bälle und der großen Feste, aber auch der Abende am Kamin und der Freuden im Schnee. Große Abende verlangen nach starken Düften, Sport im Winter nach der Leichtigkeit des Schneefalls.

Ich verwende für winterliche Düfte gerne Ingwer, Kardamom und Zimt, Patchouli und Gewürznelke. Unsere Palette der ätherischen Öle darf sich hier auch um besondere Gerüche wie beispielsweise Magnolie oder Sternanis erweitern. Jonquille, Rathaniawurzel, Angelikawurzel haben hier ebenso Platz wie beispielsweise Tonkabohne oder Eisenkraut.

Wir können für exotische Düfte – nehmen wir ein „großes" Parfum – durchaus aus der großen Bandbreite der vorhandenen ätherischen Öle aus Gewürzen wählen. Verwenden Sie aber bitte niemals zu viele außergewöhnliche Düfte gemeinsam, sie würden dadurch nur deren Besonderheit zerstören!

„Abend am Kamin"

Ein Abend am Kamin – Gemütlichkeit pur! Eingehüllt in einen kuscheligen Pullover oder eine schmuseweiche Decke, ein Glas Wein oder eine dampfende Tasse Tee dazu – ich genieße meine Freizeit gerne daheim.

Diese Stimmung hat die folgende Mischung hervorgebracht:

BASISNOTE

3 Tropfen .... Kardamom *(Elettaria cardamomum)*
3 Tropfen .... Gewürznelke *(Syzygium aromaticum)*
3 Tropfen .... Zimtblatt *(Cinnamomum verum)*
4 Tropfen .... Ylang-Ylang *(Cananga odorata)*

HERZNOTE

5 Tropfen .... Pfeffer schwarz *(Piper nigrum)*
2 Tropfen .... Ingwer *(Zingiber officinalis)*
3 Tropfen .... Rosengeranie *(Pelargonium graveolens)*
4 Tropfen .... Weihrauch arabisch *(Boswellia carterii)*

KOPFNOTE

10 Tropfen .... Grapefruit *(Citrus paradisi)*
20 Tropfen .... Orange süß *(Citrus aurantium)*
5 Tropfen .... Mandarine Grün *(Citrus reticulata)*

Diese Parfummischung wirkt für sich selbst. Wenn Sie ein Eau de Parfum oder ein Eau de Toilette herstellen wollen, nehmen Sie destilliertes Wasser.

„Wintersonne“

Leicht, luftig, unbeschwert – wie ein Wintertag im Schnee! Mit diesem Duft genießen Sie die würzige Winterluft und gleichzeitig enthält er bereits ein Erahnen des kommenden Frühlings.

BASISNOTE

3 Tropfen .... Patchouli *(Pogostemon Patschuli)*
5 Tropfen .... Sandelholz *(Santalum album)*

HERZNOTE

4 Tropfen .... Jasmin sambac *(Jasminum sambac)*
7 Tropfen .... Neroli *(Citrus Aurantium var. Amara flos.)*
2 Tropfen .... Champaca *(Michelia champaca)*

KOPFNOTE

15 Tropfen .... Orange süß oder Blutorange *(Citrus aurantium)*
2 Tropfen .... Zitrone *(Citrus limon)*

Die Mischung eignet sich am besten für einen Roll-on-Stick zum Mitnehmen, entweder als Ölparfum oder als leichtes Eau de Toilette bzw. Eau de Cologne.

„Ballnacht“

Eine Ballnacht sollte immer etwas Besonderes sein. Ein Auftritt im großen Abendkleid – das hat schon was! Dazu benötigt man auch das ganz spezielle Parfum! Und das darf schon ein bisserl was hermachen!

Wenn Sie Patchouli nicht so gerne mögen, verwenden Sie stattdessen entweder Benzoe Siam oder sogar Vetiver. Geben Sie diese schweren ätherischen Öle bitte immer mit Bedacht und zuerst mit nur einem Tropfen in Ihre Mischung. Nachtropfen können Sie ja immer noch!

BASISNOTE

5 Tropfen .... Patchouli *(Pogostemon Patschuli)*
5 Tropfen .... Vanille Extrakt *(Vanilla planifolia)*
1 Tropfen .... Myrrhe *(Commiphora molmol)*
5 Tropfen .... Sandelholz *(Santalum album)*
2 Tropfen .... Gewürznelke *(Syzygium aromaticum)*

HERZNOTE

2 Tropfen .... Rose Absolue *(Rosa centifolia)*
4 Tropfen .... Jasmin sambac *(Jasminum sambac)*
5 Tropfen .... Neroli *(Citrus Aurantium var. Amara flos.)*

KOPFNOTE

15 Tropfen .... Bergamotte *(Citrus bergamiae)*
5 Tropfen .... Grapefruit *(Citrus paradisi)*

Die Mischung macht's! Nie sollten Sie vergessen, dass es auch bei einem „schweren“ Parfum immer darauf ankommt, wie Sie es verdünnen! Hier passt Rosenhydrolat oder Orangenblütenhydrolat oder sogar eine Mischung aus beiden als zarte Ergänzung.

Düfte sind die
Gefühle der Blumen.

Herrenparfums

Ich habe Ihnen noch Herrenparfums versprochen. Diese werden gerne in Form von Aftershaves verwendet.

Beim Aftershave für den Mann kann man natürlich auch einen sogenannten „Unisex"-Duft einsetzen, wie beispielsweise den Duft „Sizilianischer Frühling", der übrigens meinem Mann sehr gut gefällt und der zu einem Aftershave für ihn geworden ist.

Beachten Sie beim Mischen eines Herrenparfums, dass die meisten Männer eher herbe, zitronige oder krautige als süße Düfte bevorzugen.

Ganz spezielle ätherische Öle geben diese leicht herbe Note in einer Mischung. Eines davon ist Nagarmotha, es kommt aus Indien und verbreitet einen Hauch von Leder (es wird übrigens wirklich zum Beduften von Lederwaren eingesetzt).

Auch alle erdigen Düfte passen gut als Basisnote in eine Herrenparfum-Mischung, denken wir nur an Narde und Vetiver. Sogar Baldrian ließe sich hier gut einbringen ...

Hier nun drei Herrenparfums, die sich sowohl als Parfum, Eau de Toilette oder Aftershave verwenden lassen (je nach Verdünnungsgrad – siehe Grundanleitung!).

Aftershave „No. 1"

BASISNOTE

3 Tropfen .... Gewürznelke *(Syzygium aromaticum)*
5 Tropfen .... Virginia-Zeder *(Juniperus virginiana)*
5 Tropfen .... Sandelholz *(Santalum album)*
3 Tropfen .... Patchouli *(Pogostemon Patschuli)*

HERZNOTE

7 Tropfen .... Neroli *(Citrus Aurantium var. Amara flos.)*

KOPFNOTE

8 Tropfen .... Zitrone *(Citrus limon)*
6 Tropfen .... Grapefruit *(Citrus paradisi)*
→ oder Mandarine grün *(Citrus reticulata)*

2 Tropfen .... Lemongrass *(Cymbopogon flexuosus)*

Zu diesem Aftershave bietet sich an, neben dem Alkoholzusatz Orangenblütenhydrolat zu verwenden.

Aftershave „No. 2"

BASISNOTE

4 Tropfen .... Wacholderbeere *(Juniperus communis)*
6 Tropfen .... Ho-Blatt *(Cinnamomum camphora ct. Linalool)*
4 Tropfen .... Nagarmotha *(Cyperus scariosus)*
3 Tropfen .... Vetiver *(Chrysopogon zizanioides)*
→ oder Narde *(Nardostachys jatamansi)*

HERZNOTE

4 Tropfen .... Champaca *(Michelia champaca)*
3 Tropfen .... Ashwaghanda *(Withania somnifera)*
3 Tropfen .... Cistrose *(Cistus ladaniferus L.)*

KOPFNOTE

8 Tropfen .... Bergamotte *(Citrus bergamiae)*
→ oder Bitterorange *(Citrus aurantium var. Amara)*

4 Tropfen .... Blutorange *(Citrus aurantium Mori)*

Aftershave „No. 3"

BASISNOTE

2 Tropfen .... Nagarmotha *(Cyperus scariosus)*
1 Tropfen .... Angelikawurzel *(Angelica archangelica)*
2 Tropfen .... Vetiver *(Chrysopogon zizanioides)*

HERZNOTE

3 Tropfen .... Ingwer *(Zingiber officinalis)*
2 Tropfen .... Jasmin sambac *(Jasminum sambac)*
2 Tropfen .... Pfeffer schwarz *(Piper nigrum)*

KOPFNOTE

6 Tropfen .... Mandarine Grün *(Citrus reticulata)*
10 Tropfen .... Bergamotte *(Citrus bergamiae)*
5 Tropfen .... Lemongrass *(Cymbopogon flexuosus)*
5 Tropfen .... Orange süß *(Citrus aurantium)*

Diese Düfte könnten auch die Grundlage für eine komplette Herren-Kosmetik-Serie bilden (mein Mann mag sie alle drei sehr gern). Mit diesen Mischungen kann man beispielsweise auch ein Duschgel oder eine Körperlotion beduften, bedenken Sie dabei aber, dass Sie von der fertigen Ätherische-Öle-Mischung lediglich 10–15 Tropfen für 100 ml Basis-Duschgel verwenden sollten.

Reich mir die Hand,
mein Leben …

Don Giovanni

Ein Parfum namens „Mozart“

Durch meine Begeisterung für die Musik von Mozart habe ich mich auch mit den Möglichkeiten der Parfummischungen seiner Zeit beschäftigt. Welche ätherischen Öle oder Duftstoffe es damals gab, welche davon heute erhältlich sind und das zu einem erschwinglichen Preis. So ist dieses Parfum entstanden und ich verrate Ihnen hier das Rezept dazu:

Mozart

BASISNOTE

3 Tropfen .... Gewürznelke *(Syzygium aromaticum)*
3 Tropfen .... Patchouli *(Pogostemon Patschuli)*
5 Tropfen .... Rathania *(Krammeria lappacea)*
5 Tropfen .... Ashwaghanda *(Withania somnifera)*

HERZNOTE

30 Tropfen .... Rose Absolue *(Rosa centifolia)*
10 Tropfen .... Neroli *(Citrus Aurantium var. Amara flos.)*
8 Tropfen .... Jasmin sambac *(Jasminum sambac)*
8 Tropfen .... Jonquille *(Narcissus jonquilla)*
3 Tropfen .... Davana *(Artemisia pallens W.)*

KOPFNOTE

18 Tropfen .... Bergamotte *(Citrus bergamiae)*
30 Tropfen .... Grapefruit *(Citrus paradisi)*
20 Tropfen .... Orange süß *(Citrus aurantium)*
10 Tropfen .... Limette *(Citrus aurantifolia)*
10 Tropfen .... Bitterorange *(Citrus aurantium var. Amara)*

Daraus habe ich eine „tragbare" Mischung erstellt, und zwar:

100 Tropfen .... dieser Parfummischung
40 ml .... Alkohol
5 ml .... Rosenhydrolat
5 ml .... Orangenblütenhydrolat

Diese Parfummischung erfreut sich bei meinen Freundinnen großer Beliebtheit und ich selbst trage sie gerne zu gesellschaftlichen Anlässen.

Hunderttausend Düfte schienen nichts mehr wert vor diesem einen Duft.

Patrick Süskind, Das Parfum

Ein altes Rezept für Eau de Cologne

In einem alten Buch für Drogisten – erschienen um 1900 – mit einem unendlichen Schatz an Rezepturen habe ich auch ein Rezept für Eau de Cologne gefunden, das ich hier samt Anleitung wiedergeben möchte:

„Für dieses wichtigste aller Riechmittel gibt es eine Unzahl verschiedener Vorschriften, die in ihrer Zusammensetzung oft sehr voneinander abweichen. Trotzdem erreicht man mit den meisten von ihnen gute Erfolge, wenn nur die Rohstoffe tadelfrei waren und neben den Schalenölen kräftige Öle, wie Thymian, Lavendel u.a., in entsprechender Menge zugesetzt wurden. Letzteres ist für ein erfrischend wirkendes Wasser unbedingt erforderlich.

[...] für sehr billige Ware kann man Weingeist und Wasser zu gleichen Teilen nehmen, nur muss ein derartiges Kölnisch-Wasser längere Zeit lagern, ehe es filtriert wird.

Sehr alkoholschwaches Kölnisch-Wasser bereitet man wie folgt: Man löst die ätherischen Öle in dem Weingeist auf, fügt die Lösung dem kochend heißen Wasser hinzu, lässt in gut geschlossenem Gefäße langsam abkühlen und kocht nach 2 Tagen nochmals unter Anwendung der erforderlichen Vorsicht auf. [...] Es empfiehlt sich nicht unter ein Gemisch von 1 Teil Weingeist und 3 Teilen Wasser herunterzugehen. Ein längeres Lagern ist unbedingt erforderlich. Man filtriert am besten über Magnesiumkarbonat.

Eau de Cologne

Bergamottöl	9,0
Zitronenöl	12,0
Lavendelöl	1,0
Pfefferminzöl	7 Tropfen
Neroli	1,0
Thymianöl	4 Tropfen
Rosmarinöl	4 Tropfen
Rosenöl	1 Tropfen
Melissenöl	1 Spur
Weingeist	900,0
Orangenblütenwasser	80,0*

** Ich nehme an, dass bei den Angaben ohne Mengenmaß Milliliter gemeint sind. Da es sich um ein Rezept zur Herstellung für eine Drogerie handelt, ist es verständlich, wenn es sich in der Summe um 1 Liter Kölnisch-Wasser dreht.*

Kombinationsvorschläge für „Ihr“ Parfum

Die nachfolgend genannten ätherischen Öle passen grundsätzlich gut zueinander. Ich gebe hier aber keine Mengenangaben, damit Sie selbst Ihre ganz besonderen Mischungen zusammenstellen können. Diese Vorschläge sollen erst einmal nur als Anregung dienen:

VORSCHLAG NR. 1:

Weihrauch arabisch, Sandelholz, Patchouli, Rosengeranie, Rose Absolue, Ylang-Ylang in der Kombination mit Bergamotte, Grapefruit und/oder Mandarine Grün.

VORSCHLAG NR. 2:

Lemongrass, Orange, Zitrone, Mandarine Rot in einer Kombination mit Rosenholz, Muskatellersalbei und Benzoe Siam.

VORSCHLAG NR. 3:

Kamille römisch, Lavendel, Bergamotte, Neroli, Koriander mit einem Hauch von Muskatellersalbei und Narde.

VORSCHLAG NR. 4:

Lavendel, Ylang-Ylang, Weihrauch arabisch, Ingwer, Sandelholz, Jasmin sambac mit Grapefruit und Bergamotte.

VORSCHLAG NR. 5:

Vetiver, Weihrauch arabisch, Pfeffer, Atlaszeder, Neroli, Wacholder, Majoran und Zitrone, ev. noch Grapefruit.

VORSCHLAG NR. 6:

Orange, Mandarine Rot, Bergamotte in Kombination mit Neroli, Muskatellersalbei, Rosenholz und Ylang-Ylang.

VORSCHLAG NR. 7:

Rose Absolue, Lavendel fein, Neroli, Mimose, Kamille römisch, Weihrauch arabisch, Sandelholz, Champaca und Bergamotte.

VORSCHLAG NR. 8:

Rosmarin Cineol, Zitrone, Lavendel fein, Weihrauch arabisch und Tonka-Bohne.

ANHANG

Anhang 1

ÄTHERISCHE ÖLE

Wie verhält sich das nun mit den Kopf-, Herz- und Basisnoten bei ätherischen Ölen?

Das ist nicht immer ganz so einfach, wie es klingt. Denn: Unsere Nasen haben ihre eigenen Spielregeln. Und was für mich vielleicht als Herznote einzustufen wäre, ist für Sie vielleicht eher eine Basisnote.

Ich will hier in der nachfolgenden Tabelle aber dennoch versuchen, eine gewisse „Ordnung" in die Düfte ätherischer Öle zu bringen.

Ätherische Öle für unsere Parfums gibt es in einer unglaublichen Bandbreite. In der nachfolgenden Tabelle habe ich eine kleine Auswahl der mehr als 300 unterschiedlichen Öle zusammengefasst. Es sind dies vor allem jene, die relativ leicht erhältlich und – bis auf einige wenige – auch nicht zu teuer in der Anschaffung sind.

Für Ihre ersten „Gehversuche" reicht es, wenn Sie sich aus den Basisnoten zwei bis drei auswählen, die Ihnen sympathisch erscheinen. Von den Herznoten werden Sie vorerst wahrscheinlich mit etwa fünf unterschiedlichen ätherischen Ölen das Auslangen finden. Und von den Kopfnoten benötigen Sie ebenfalls etwa fünf unterschiedliche.

NAME DES ÄTHERISCHEN ÖLS	BOTANISCHER NAME	DUFTNOTE	EMPFINDUNGEN
Angelikawurzel	*Angelica archangelica*	Basis	erdig, beruhigend, krautig
Ashwaghanda	*Withania somnifera*	Basis	würzig, warm
Atlaszeder	*Cedrus atlantica*	Basis	holzig-herb, warm, weich
Basilikum	*Ocimum basilicum*	Herz	süß-würzig, holzig
Bay St. Thomas	*Pimenta racemosa*	Herz/Basis	stark süß-würzig, nelkenartig
Benzoe Siam	*Styrax tonkinensis*	Basis	stark balsamisch, nach Vanille und Schokolade
Bergamotte	*Citrus bergamiae*	Kopf	frisch, spritzig, riecht nach südlichen Ländern
Bitterorange	*Citrus aurantium var. Amara*	Kopf	frisch, spritzig, leicht herb im Abgang
Blutorange	*Citrus aurantium Mori*	Kopf /Herz	warm, sonnig
Cananga	*Cananga odorata*	Herz/Basis	warm, holzig, leicht süß, allerdings weniger als Ylang-Ylang
Cascarilla	*Croton Eluteria Bennet*	Herz/Basis	würzig, holzig
Champaca	*Michelia champaca*	Herz	blumig, exotisch, fruchtig
Cistrose	*Cistus ladaniferus L.*	Basis	balsamisch, holzig, würzig
Davana	*Artemisia pallens W.*	Herz	warm, süß, nach Mango
Eichenmoos	*Evernia prunastri*	Basis	pudrig, nach Heu, mild, etwas nach Honig
Fichte	*Picea abies*	Herz/Basis	streng, würzig frisch, etwas maskulin

NAME DES ÄTHERISCHEN ÖLS	BOTANISCHER NAME	DUFTNOTE	EMPFINDUNGEN
Frangipani	*Plumeria alba frangipani*	Herz	blumig, exotisch, fruchtig, betörend
Galbanum	*Ferula galbaniflora*	Herz	balsamisch, erdig, würzig, teerartig, männlich
Gewürznelke	*Syzygium aromaticum*	Herz	warm, würzig, Apfelstrudel, passt gut zu Rose
Ginsterblüte	*Spartium junceum*	Herz	süß, blumig, herzlich
Grapefruit	*Citrus paradisi*	Kopf	sonnig, zitronig, zartbitter-süß
Ho-Blatt	*Cinnamomum camphora ct. Linalool*	Herz/Basis	rosig, frisch, warm
Immortelle	*Helichrysum italicum*	Herz	süßlich, krautig-fruchtig, pudrig
Ingwer	*Zingiber officinalis*	Kopf	frisch, holzig, warm, leicht metallisch, mit leichter Schärfe
Jasmin sambac	*Jasminum sambac*	Herz/Basis	süß, blumig, etwas narkotisch, stark
Jonquille	*Narcissus jonquilla*	Herz	blumig, duftig, erotisch
Kamille römisch	*Anthemis nobilis*	Herz	krautig, würzig, fruchtig frisch
Kardamom	*Elettaria cardamomum*	Herz/Basis	würzig, frisch, holzig
Kiefernnadel	*Pinus sylvestris*	Herz/Basis	würzig grün, leicht herb
Koriander	*Coriandrum sativum*	Kopf/Herz	pfeffrig, würzig, frisch, stark
Lavandin Super	*Lavandula intermedia*	Kopf/Herz	würzig-lavendelartig, etwas nach Kampfer
Lavendel fein	*Lavandula angustifolia*	Herz	frisch, krautig, blumig, herb

NAME DES ÄTHERISCHEN ÖLS	BOTANISCHER NAME	DUFTNOTE	EMPFINDUNGEN
Lemongrass	*Cymbopogon flexuosus*	Kopf	frisch, zitronig, leicht krautig
Limette	*Citrus aurantifolia*	Kopf	zitronig, frisch, herb
Lorbeer	*Laurus nobilis*	Herz	süß-würzig, leicht nach Kampfer, warm, männlich
Majoran	*Origanum majorana*	Herz	krautig, grün, frisch, würzig
Mandarine Grün	*Citrus reticulata*	Kopf	herb-süß, fruchtig
Mandarine Rot	*Citrus madurensis*	Kopf	süß, fruchtig
Melisse	*Melissa officinalis*	Herz	frisch, zitronig, grün, krautig
Mimose	*Acacia dealbata*	Herz/Basis	warm, herzlich, einhüllend
Minze	*Mentha piperita, Mentha citrata*	Kopf	minzig, frisch, leicht süßlich
Muskatellersalbei	*Salvia sclarea*	Herz	würzig, süß, nach Heu
Myrrhe	*Commiphora molmol*	Basis	balsamisch, würzig, warm
Myrte	*Myrtus communis*	Kopf/Herz	frisch, krautig, leicht flüchtig
Nagarmotha	*Cyperus scariosus*	Basis	warm, erdig, würzig, nach Leder
Narde	*Nardostachys jatamansi*	Basis	erdig, herb, leicht bitter
Neroli	*Citrus Aurantium var. Amara flos.*	Herz	warm, holzig-süß, stark
Orange süß	*Citrus sinensis*	Kopf	warm, süß, sonnig

NAME DES ÄTHERISCHEN ÖLS	BOTANISCHER NAME	DUFTNOTE	EMPFINDUNGEN
Osmanthus	*Osmanthus fragrans*	Kopf/Herz	warm, orientalisch, klar
Palmarosa	*Cymbopogon martinii*	Herz	rosig, klar
Patchouli	*Pogostemon Patschuli*	Basis	erdig, muffig, holzig
Petit Grain Bigarade	*Citrus bigaradia*	Herz	grün, blumig, leicht herb-süß
Pfeffer schwarz	*Piper nigrum*	Kopf/Herz	würzig, pfeffrig
Rathaniawurzel-extrakt	*Krammeria lappacea*	Basis	würzig, aromatisch, holzig
Rhododendron	*Rhododendron anthopogon*	Herz/Basis	warm, würzig, aromatisch
Rose Absolue	*Rosa centifolia*	Herz	süß, schwer, blumig (Absolue)
Rose bulgarisch	*Rosa damascena*	Herz	frisch, leicht (Destillierte Rose)
Rosengeranie	*Pelargonium graveolens*	Herz	blumig-rosig, fruchtig
Rosenholz	*Aniba roseaodora*	Herz/Basis	rosig, frisch, warm, süß
Rosmarin cineol	*Rosmarinus off. Ct. cineol*	Kopf/Herz	spritzig, krautig
Rosmarin verbenon	*Rosmarinus off. Ct. verbenon*	Herz	warm, nach Kampfer
Sandelholz	*Santalum album*	Basis	warm, exotisch, harzig-holzig
Sternanis	*Illicum verum*	Herz	anregend, würzig, süß

NAME DES ÄTHERISCHEN ÖLS	BOTANISCHER NAME	DUFTNOTE	EMPFINDUNGEN
Thymian linalool	*Thymus officinalis ct. linalool*	Herz	würzig-krautig, leicht zitronig
Tolu-Balsam	*Myroxylon balsamum*	Basis	süß, nach Zimt und Vanille
Tonka-Bohne	*Dypterix odorata*	Basis	süß, karamellig, warm, stark
Vanille Extrakt	*Vanilla planifolia*	Basis	süß, stark balsamisch, warm
Vetiver	*Chrysopogon zizanioides*	Basis	erdig, waldig, herb
Virginia-Zeder	*Juniperus virginiana*	Basis	holzig-herb
Wacholder	*Juniperus communis*	Herz/Basis	würzig, grün, aromatisch
Weihrauch arabisch	*Boswellia carterii*	Herz/Basis	balsamisch, würzig, harzig, rauchig
Ylang-Ylang	*Cananga odorata*	Basis	stark, betörend süß, blumig, schwer
Weißtanne	*Abies alba*	Herz/Basis	waldig, würzig, grün
Zimt	*Cinnamomum aromaticum (verum)*	Basis	warm, würzig, weich, süßlich
Zirbelkiefer	*Pinus cembra*	Herz	holzig, herb, würzig, balsamisch
Zitrone	*Citrus limon*	Kopf	spritzig, frisch
Zitronenmyrte	*Backhousia citriodora*	Kopf	spritzig, frisch, warm
Zypresse	*Cupressus sempervirens*	Herz	fichtenartig, zitronig, leicht

Anhang 2

HYDROLATE UND WÄSSER

Zum Verdünnen brauchen wir destilliertes Wasser oder Hydrolat. Dabei ist natürlich auch der Duft eines Hydrolats maßgeblich am Gesamtkonzept unseres Parfums beteiligt.

Einige Hydrolate besitzen einen relativ starken Eigengeruch, denken wir nur an Rosenwasser oder Orangenblütenwasser. Aber auch Lavendelhydrolat duftet stark. Im guten Fachhandel gibt es eine breite Palette an duftenden Wässern – in diesem Fall darf es auch durchaus ein mit Alkohol konserviertes Pflanzenwasser sein.

Wenn Sie allerdings Ihr Parfum nicht mit Hydrolaten verarbeiten wollen, so brauchen Sie gutes destilliertes Wasser. Am besten eignet sich dafür das sogenannte zweifach destillierte, also das Aqua bi-dest (so ist der Handelsname dafür). Sie erhalten es im guten Fachhandel.

„Kosmetisches Basiswasser" ist eigentlich ein hochprozentiger (95 %) vergällter Alkohol. Das ist ein Alkohol, dem beispielsweise Toluol beigemengt wurde, um ihn für die Einnahme unbrauchbar zu machen. Man kann kosmetisches Basiswasser sehr gut für die Herstellung von Parfums verwenden – es ist preiswerter als unvergällter Alkohol. Allerdings besitzt kosmetisches Basiswasser einen leichten, kaum merkbaren Eigengeruch. Ich verwende es vor allem zur Reinigung meiner Arbeitsgeräte.

Anhang 3

GLOSSAR

Begriffe rund ums Parfum

In der Literatur rund um das Parfum kommen immer wieder verschiedene Begriffe vor, die ich hier kurz erklären möchte. Einige haben in diesem Buch keinen Platz gefunden, da es sich vor allem um industrielle bzw. synthetische Stoffe handelt. Ich möchte sie aber dennoch der Vollständigkeit halber aufzählen.

ALDEHYDE

Dabei handelt es sich um chemische Verbindungen, die auch als Einzelstoffe in ätherischen Ölen vorkommen. Im Zusammenhang mit Parfum versteht man darunter rein synthetische Duftgefüge mit frischer und fruchtiger Note. Parfums mit dieser Grundrichtung sind strahlend und intensiv.

AMBRIERT

nennt man jene Parfums, die nach Waldboden und Tabak riechen, verbunden mit einem weichen, sinnlichen Touch.

AQUA MIRABILIS

Das „wundervolle Wasser" wurde im 17. Jahrhundert als das erste aller Eau de Colognes in der Gegend um Mailand von Gian Paolo Feminis erzeugt und verkauft. Man versteht darunter leichte Duftwässer, die nicht nur zum Parfumieren verwendet wurden, sondern damals als Hilfe beispielsweise bei Migräne auch eingenommen wurden.

BASISNOTEN

sind jene, die am längsten anhalten. Sie verdunsten sehr langsam. Dazu gehören neben Patchouli, Vanille und Eichenmoos auch praktisch alle Holzdüfte.

BLUMIG-ORIENTALISCH

Ist eine Duftrichtung, die duftig und verführerisch wirkt, nicht so schwer wie rein orientalische Düfte. Oftmals mit einem würzigen Akzent kombiniert.

CHYPRE

Parfumrichtung. Diese Parfums enthalten Düfte von Pflanzen, die ursprünglich auf der Insel Zypern gewonnen wurden. Sie besitzen Kraft und Dauerhaftigkeit, mit einer frischen, zitronigen Kopfnote. In diese Richtung passen auch Duftnoten von Moos, Holz, Kräutern. Für Herren gibt es eine Chypre-Richtung nach Lederdüften, leicht trocken und rauchig. Ein Chypre-Duft wirkt immer elegant und selbstbewusst, er gehört zu den klassischen Duftnoten.

CITRUS

ist eigentlich eine selbsterklärende Duftrichtung für ein Parfum. Meist handelt es sich dabei um Eau de Colognes.

DUFTINTENSITÄT

Je höher der Alkoholgehalt und die Duftölkonzentration, desto intensiver ist der Duft. Je mehr Wasseranteil (Hydrolatanteil), desto niedriger die Intensität.

DUFTORGEL

Das ist jenes Regal, in dem die Düfte nach bestimmten Regel eingeordnet werden, damit sie rasch aufgefunden werden können.

EAU FRAÎCHE

Auch das gibt es: Hier ist die Duftstoffkonzentration noch niedriger, nämlich lediglich 1–3 %ig, als beim Eau de Cologne.

ENFLEURAGE

Dabei werden die frisch geernteten Blütenblätter auf eine Fettschicht aus Schweinefett oder Rindertalg gestreut. Das Fett nimmt die Duftstoffe im Laufe von einigen Tagen auf. Wenn das Fett mit Duft gesättigt ist, werden die Duftstoffe mit Alkohol aus dem Fett ausgewaschen. Diese Methode wurde bereits im antiken Ägypten angewandt.

Heute wird sie lediglich für sehr empfindliche Blüten eingesetzt, da diese Methode sehr aufwendig und teuer ist.

EXTRAKTION

Dabei werden die Duftstoffe durch Lösungsmittel aus dem Pflanzenmaterial gelöst. Die frisch geernteten Blüten werden auf schonende Weise in Extraktionsbehältern bei niedrigen Temperaturen verarbeitet.

FIXATEUR

Siehe Basisnote.

FLAKON

Oftmals sind Flakons richtige Kunst- und Sammelobjekte. Schon in der Antike stellte man kostbare Behälter für die teuren Düfte her, damals aus Stein, Alabaster, Ton und auch aus Glas. Heute werden Parfum-Flakons praktisch nur mehr aus Glas hergestellt.

FOUGÈRE

Der Name Fougère bedeutet „Farn". Allerdings bestehen diese Düfte vor allem aus krautig-herben Düften und sind würzig.

Diese Parfums werden meist von Lavendel-, Holz-, Bergamotte-Ölen und auch Eichenmoos geprägt. Oftmals kommt noch ein Hauch von Pfeffer oder Gewürznelke dazu. Eigentlich wirken diese Parfums eher männlich betont, werden aber gerne auch als Unisex-Parfums angeboten. Mit ein bisschen Vanille wird der Duft weicher.

GERUCHSBLINDHEIT

Wenn wir uns immer mit den gleichen Gerüchen umgeben, nimmt unsere Nase sie nicht mehr wahr. Wir riechen uns dann auch selbst nicht mehr (das ist dann oftmals auch der Grund, weshalb wir uns immer mehr beduften …). Gegenmaßnahme: Parfum immer wieder einmal wechseln!

GRÜNE DÜFTE

Darunter versteht man natürliche Parfums, die an frisch geschnittenes Gras oder frisches Blattwerk erinnern. Grundsätzlich sind sie anregend frisch und beschwingt.

HERZNOTE

Die Herznote ist quasi die Mitte unseres Parfums, oftmals ein blumiger Duft, in speziellen Parfums aber vielfach auch würzig.

HOLZNOTE

Man spricht von holzigen Parfums dann, wenn sie an frisch geschnittenes Holz oder frisch ausgegrabene Wurzeln erinnern. Meist sind diese Düfte mit Sandelholz und Patchouli gestaltet, mit ein wenig Lavendel oder Zitrusklang.

KOPFNOTE

Der erste Eindruck eines Parfums, der auch zuerst wieder verflogen ist.

LIMBISCHES SYSTEM

Das Limbische System ist der älteste Teil unseres Gehirns. Durch die Nase gelangen die Düfte zuerst direkt hierher, ins „Zentrum unserer Gefühle". Lang vergessene Erinnerungen werden geweckt, Emotionen und Stimmungen von hier aus gesteuert.

MAZERATION

Die Duftstoffe werden durch warme Fette und Öle aus den Pflanzen gezogen. Alte Gewinnungsmethode für Düfte. Die Mazeration wird heute für Öle wie beispielsweise Johanniskrautöl oder Ringelblumenöl angewendet.

ORIENTALISCHE PARFUMKREATIONEN

„Orientalisch" bezeichnet man jene Düfte, die an Tausendundeine Nacht erinnern und mit Harzen und Balsamen, mit Gewürzen und Vanille gestaltet wurden. Sie sind meist schwer und süß, weich und pudrig.

RIECHSTREIFEN (DUFTSTREIFEN)

Sie bestehen aus saugfähigem, klebstofffreiem Papier. Man verwendet sie, um Düfte und ätherische Öle zu testen.

SYNTHETISCHE DUFTSTOFFE

Mit Hilfe der Chemie können viele natürliche Düfte im Labor „nachgebaut" werden. Sie werden im Handel oft auch als „naturidente" Stoffe angeboten. Mit diesen Essenzen können viele neue Düfte kreiert werden. Ich nenne hier als Beispiel „Grüner Apfel" oder „Pfirsichduft".

Diese Technik wurde Ende des 19. Jahrhunderts erstmals eingesetzt (vorher war man nicht in der Lage, einzelne Moleküle aus einem ätherischen Öl zu isolieren). Der erste Stoff, mit dem das gelang, war ein Cumarin, in der Folge kam Vanillin und danach begann man, Aldehyde zu isolieren.

Heute werden vor allem auch jene Stoffe künstlich hergestellt, die früher von Tieren gewonnen wurden, wie Ambra, Moschus und Zibet.

Anhang 4

BERECHNUNGSHILFE

Mit Hilfe dieser Tabelle können Sie sich beim Berechnen der einzelnen Parfummischungen etwas behelfen. Die Zahlen sind nur Circa-Angaben – Sie wissen ja bereits: Einige ätherische Öle sind dünnflüssig, andere sind dickflüssiger! Varianten sind immer erlaubt!

Noch ein Tipp: Produzieren Sie lieber kleinere Mengen, besonders dann, wenn es um schwere Parfums geht – es macht nämlich sehr viel Spaß, immer wieder neue Kreationen zu erschaffen!

EAU DE COLOGNE (DUFTSTOFFANTEIL CA. 3–5 %)

Tropfen äther. Öle gesamt	= ml (ca. 5 %)	Alkohol-Anteil (ca. 85 %) ml	Wasser/ Hydrolat-Anteil (ca. 10 %) ml	Gesamt ml
20	*1,0*	17,0	2,0	**20,0**
50	*2,5*	42,5	5,0	**50,0**
100	*5,0*	85,0	10,0	**100,0**

EAU DE TOILETTE (DUFTSTOFFANTEIL CA. 6–9 %)

Tropfen äther. Öle gesamt	= ml (ca. 9 %)	Alkohol-Anteil (ca. 81 %) ml	Wasser/ Hydrolat-Anteil (ca. 10 %) ml	Gesamt ml
40	*2,0*	16,0	2,0	**20,0**
100	*5,0*	41,0	5,0	**50,0**

EAU DE PARFUM (DUFTSTOFFANTEIL CA. 10–20 %)

Tropfen äther. Öle gesamt	= ml (ca. 16 %)	Alkohol-Anteil (ca. 74 %) ml	Wasser/ Hydrolat-Anteil (ca. 10 %) ml	Gesamt ml
40	*2,0*	11,5	1,5	**15,0**
80	*4,0*	18,5	2,5	**25,0**
100	*5,0*	22,0	3,0	**30,0**

PARFUM (DUFTSTOFFANTEIL 20–40 %)

Tropfen äther. Öle gesamt	= ml (ca. 30 %)	Alkohol-Anteil (ca. 65 %) ml	Wasser/Hydro-lat-Anteil (ca. 5 %) ml	Gesamt ml
120	*6,0*	13,0	1,0	**20,0**

Danke!

Es ist wieder einmal an der Zeit,
mich zu bedanken:

beim Freya-Verlag für die großartige Unterstützung, ein Dankeschön an Dorothea Forster für das einfühlsame Lektorieren meines Textes, an Daniela Waser für die graphische Aufbereitung. Bedanken möchte ich mich natürlich auch bei meinem Mann Kurt John für seine Geduld, seine Nase (er hatte das manchmal etwas zweifelhafte Vergnügen, alle meine Mischungen in den verschiedensten Stadien ihres Entstehens unter die Nase gehalten zu bekommen) und für sein Verständnis, wenn ich wieder mal die Zeit beim Schreiben vergessen habe. Danke auch an ihn für die Umsetzung meiner Arbeit in Bilder.

Und ein ganz besonderes Danke an Sie, geneigte Leserin, geneigter Leser, dass Sie mir nun schon so lange die Treue halten und dieses Büchlein erstanden haben!

Ingrid Kleindienst-John

Hydrolate

Sanfte Heilkräfte aus Pflanzenwasser

Hydrolate sind Nebenstoffe, die bei der Destillation ätherischer Öle entstehen. Es handelt sich bei den Pflanzenwassern um hochwirksame Produkte. Die wasserlöslichen Inhaltsstoffe der Pflanze sind darin gelöst. Damit können Hydrolate die Heilwirkung der korrespondierenden ätherischen Öle sogar übertreffen. Neben der naturheilkundlichen Verwendung finden sich Hydrolate häufig in Kosmetika und sind besonders in der Aromatherapie beliebt. Alles über Inhaltsstoffe, Qualitätskriterien und Anwendungsmöglichkeiten. Genaue Anleitungen ermöglichen die Herstellung von Hydrolaten in der eigenen Küche.

ISBN 978-3-99025-053-2

Ingrid Kleindienst-John

SOS Hustenzwerg

Ätherische Öle und Kräuter für Kinder von 0–12

Kräuter können auch Kindern gute Dienste leisten – nur muss man wissen, welche Pflanze ab welchem Lebensalter die richtige ist. Dies ist das erste Buch mit einer umfassenden Auflistung jener Kräuter, die für Babys, Kleinkinder, Schulkinder oder Teenager einsetzbar sind. Viele Tabellen und genaue Aufstellungen, leicht nachzumachende Rezepte und jeweils ein Märchen dazu. Omas, Mamas und Papas lernen gemeinsam mit den Kindern den richtigen Umgang mit den Schätzen der Natur.

ISBN 978-3-99025-159-1

Ingrid Kleindienst-John

Pflanzencode

Der Schlüssel zum Pflanzenreich

Die 4 Elemente: Erde, Wasser, Feuer und Luft sind nicht nur für Menschen interessant, die sich in ihrem Sternzeichen einem der Elemente zugehörig fühlen. Die verschiedenen Heilpflanzen werden seit altersher einem der 4 Elemente zugeordnet. Die traditionelle europäische Medizin suchte immer nach Gemeinsamkeiten zwischen Heilkraut und einer Krankheit oder einem bestimmten Menschen. Nach diesen Gesichtspunkten werden annähernd 100 Heilpflanzen genau betrachtet und ihre Eigenschaften nach der 4-Elemente-Lehre erläutert.

ISBN 978-3-99025-331-1